川畑直人・大島剛・郷式徹［監修］
公認心理師の基本を学ぶテキスト

8

学習・言語心理学

支援のために知る「行動の変化」と「言葉の習得」

郷式 徹・西垣順子［編著］

ミネルヴァ書房

公認心理師の基本を学ぶテキスト
監修者の言葉

　本シリーズは，公認心理師養成カリキュラムのうち，大学における必要な科目（実習・演習は除く）に対応した教科書のシリーズです。カリキュラム等に定められた公認心理師の立場や役割を踏まえながら，これまでに積み上げられてきた心理学の知見が，現場で生かされることを，最大の目標として監修しています。その目標を達成するために，スタンダードな内容をおさえつつも，次のような点を大切にしています。

　第一に，心理学概論，臨床心理学概論をはじめ，シリーズ全体にわたって記述される内容が，心理学諸領域の専門知識の羅列ではなく，公認心理師の実践を中軸として，有機的に配列され，相互連関が浮き出るように工夫しています。

　第二に，基礎心理学の諸領域については，スタンダードな内容を押さえつつも，その内容が公認心理師の実践とどのように関係するのか，学部生でも意識できるように，日常の生活経験や，実践事例のエピソードと関連する記述を積極的に取り入れています。

　第三に，研究法，統計法，実験等に関する巻では，研究のための研究ではなく，将来，公認心理師として直面する諸課題に対して，主体的にその解決を模索できるように，研究の視点をもって実践できる心理専門職の育成を目指しています。そのために，調査や質的研究法の理解にも力を入れています。

　第四に，心理アセスメント，心理支援をはじめとする実践領域については，理論や技法の羅列に終わるのではなく，生物・心理・社会の諸次元を含むトータルな人間存在に，一人の人間としてかかわる専門職の実感を伝えるように努力しています。また，既存の資格の特定の立場に偏ることなく，普遍性を持った心理専門資格の基盤を確立するよう努力しています。さらに，従来からある「心理職は自分の仕事を聖域化・密室化する」という批判を乗り越えるべく，多職種連携，地域連携を視野に入れた解説に力を入れています。

第五に，保健医療，福祉，教育，司法・犯罪，産業といった分野に関連する心理学や，関係行政の巻では，各分野の紹介にとどまるのではなく，それぞれの分野で活動する公認心理師の姿がどのようなものになるのか，将来予測も含めて提示するように努力しています。

　最後に，医学に関連する巻では，心理職が共有すべき医学的知識を紹介するだけでなく，医療領域で公認心理師が果たすべき役割を，可能性も含めて具体的に例示しています。それによって，チーム医療における公認心理師の立ち位置，医師との連携のあり方など，医療における心理職の活動がイメージできるよう工夫しています。

　心理職の仕事には，①プロティアン（状況に応じて仕事の形式は柔軟に変わる），②ニッチ（既存の枠組みではうまくいかない，隙間に生じるニーズに対応する），③ユビキタス（心を持つ人間が存在する限り，いかなる場所でもニーズが生じうる），という3要素があると考えられます。別の言い方をすると，心理専門職の仕事は，特定の実務内容を型通りに反復するものではなく，あらゆる状況において探索心を持ちながら，臨機応変に対処できること，そのために，心理学的に物事を観察し理解する視点を内在化していることが専門性の核になると考えます。そうした視点の内在化には，机上の学習経験と「泥臭い」現場の実践との往還が不可欠であり，本シリーズにおいては，公認心理師カリキュラムの全科目において，学部生の段階からそうした方向性を意識していただきたいと思っています。

　公認心理師の実像は，これから発展していく未来志向的な段階にあると思います。本シリーズでは，その点を意識し，監修者，各巻の編集者，執筆者間での活発な意見交換を行っています。読者の皆様には，各巻で得られる知識をもとに，将来目指す公認心理師のイメージを，想像力を使って膨らませていただきたいと思います。

　　2019年2月

　　　　　　　　　　　監修者　川畑直人・大島　剛・郷式　徹

目　次

公認心理師の基本を学ぶテキスト　監修者の言葉

序　章　学習・言語心理学の概要と展望……………郷式　徹…1
1　学習の様々なレベルと言語習得……1
2　学習心理学と言語心理学の歴史……3
3　本書で取り上げる内容……5

第Ⅰ部　学習心理学

第1章　古典的条件づけ………………………………郷式　徹…13
　　　　──刺激と反応の新たな結びつき
1　学習とは……13
2　古典的条件づけ（レスポンデント条件づけ）とは……16
3　望ましくない古典的条件づけの形成……19
4　古典的条件づけの臨床的応用……21
コラム　ジョセフ・ウォルピ（Wolpe, J.：1915-1998）　22

第2章　道具的条件づけ………………………………郷式　徹…29
　　　　──行動修正のメカニズムと実際
1　道具的条件づけ（オペラント条件づけ）とは……29
2　行動の制御……31
3　複雑な行動の形成……35
4　応用行動分析学……38

第 3 章　知識・概念の獲得と変容 ……………………………… 山縣宏美…45
　　　　　――人はどのように世界を知るようになるのか
1　知識・概念とは……45
2　素朴概念――子どもの持つ概念……47
3　知識・概念の獲得・変容過程……52
コラム　知識や知識獲得についての知識（認識論的信念）　55

第 4 章　学習と問題解決 ………………………………………… 遠山紗矢香…59
　　　　　――日々の経験から何を学ぶのか
1　問題解決とは……59
2　問題解決による学習とその転移……66
3　問題解決を通じて学びの見通しを持つ……71
コラム　問題解決をさまたげるもの　65

第 5 章　社会や集団での学習 …………………………………… 遠山紗矢香…75
　　　　　――複数名で学ぶとはどういうことか
1　社会や集団の中で学ぶとはどういうことか……75
2　協働学習……78
3　協働場面の観察……84
コラム　問題解決経験を通じた大学生のインフォーマル学習　87

第 6 章　学習の熟達と身体化 ……………………………………… 安藤花恵…91
　　　　　――言葉では言い表せない知識の獲得
1　学習の熟達……91
2　身体化……96
3　熟達者になるには……100

目　次

第7章　学習への動機づけ……………………………………伊田勝憲…105
　　　　　——内発と外発の統合による自律へ

1 　内発的動機づけと外発的動機づけ……105
2 　自己決定理論のさらなる展開……111
3 　認知と感情の両面から支える自律的動機づけ……114

第Ⅱ部　言語心理学

第8章　言葉の発生の基盤…………………………………石井恒生…121
　　　　　——言語はどこから来るのか

1 　言葉（言語）はどのように生まれるか……121
2 　言葉を生み出す生物的機構……126
3 　言葉を生み出す心理的機能……128
4 　言葉を生み出す社会的環境……130
　コラム　動物の「言葉」　123

第9章　話し言葉の発達……………………………………古見文一…135
　　　　　——他者とのかかわりの中で発達する言語

1 　話し言葉獲得の準備期……135
2 　話し言葉の獲得と発達……141
3 　話し言葉を支える社会性の発達……143

第10章　書き言葉の獲得……………………………………滝口圭子…149
　　　　　——意味と記号をつなげるために

1 　就学前後の子どもたちと文字の読み書き……149
2 　就学前後の子どもたちと文章理解……153

3　就学前後の子どもたちと文章産出……159
コラム　外言からひとり言へ，ひとり言から内言へ　160

第11章　リテラシーと生涯発達……………………西垣順子…165
　　　　──自己と世界を知りゆくための言葉
1　リテラシーの水準……165
2　リテラシーを問い直す……169
3　生涯発達と書き言葉……174

第12章　第二言語・外国語の習得………………………石王敦子…179
　　　　──複数の言語を学んで生きる
1　バイリンガルとは……179
2　第二言語習得に影響を与える要因……182
3　2言語環境で育つ子どもたち……186

第Ⅲ部　学習と言語の障害

第13章　学習と言語の障害…………………………………伊丹昌一…195
　　　　──教育現場での理解と支援のために
1　障害について……195
2　学習の障害とその支援……198
3　言語の障害とその支援……202

索　　引

序　章　　学習・言語心理学の概要と展望

郷式　徹

1　学習の様々なレベルと言語習得

　公認心理師カリキュラム等検討会報告書によると，「学習・言語心理学」は，人の行動が変化する過程と言語の習得における機序（メカニズム）を内容としている。その上で，経験を通して人の行動が変化する過程を説明でき，言語習得の機序について概説できることが到達目標となっている（厚生労働省，2018）。

　心理学において，学習は「経験による比較的永続的な行動の変化」と定義されている（第1章参照）。文化人類学を出発点として様々な領域にわたる思索を展開したベイトソン（Bateson, G. : 1904-1980）は，学習が何らかの変化であることは疑いがないが，その変化には様々な（論理）レベルが存在することを指摘した（Bateson, 1972 佐藤訳 2000；野村，2008, 2012）。

　まず，もっとも低次のレベルとして「ゼロ学習」が想定されている。これは学習が完成した状態や生得的な反射を含み，変化しない。特定の刺激に対して特定の決まった反応（だけ）が生じるようになった状態で，機械的反応と言える（文字通り，多くの機械や装置の動きはゼロ学習の状態である）。そのため，そこには試行錯誤はない。「ゼロ学習」では行動や反応は変化しないので，この段階は学習とは呼べない。しかし，この段階の存在は学習が変化であることを明確にする意味がある。

　刺激と反応が一対一で対応し，他の選択肢がないゼロ学習に対して，試行錯

誤によって他の選択肢（行動）が選び取られるのが学習Ⅰの段階である。たとえば，**条件づけ**によって刺激と行動の**連合**ができていく過程（第1章，第2章参照）が学習Ⅰの段階である。

　学習Ⅰが知識やスキルの獲得であるのに対して，より高次の学習Ⅱは「学習Ⅰが成立する文脈についての学習」の段階である。すなわち，学習Ⅰで獲得した知識やスキルを「いつ・どこで」用いれば「どんな結果になるか」を理解する，もしくは，知識やスキルを獲得（学習Ⅰ）する方法を試行錯誤的に学習する段階である。

　私たちの学習の多くは，ゼロ学習・学習Ⅰ・学習Ⅱから成り立っている。しかし，まれに学習Ⅲの段階が生じることがある。学習Ⅲは「自らがある文脈にとらわれていることを自覚し，別の文脈を選び取る」段階である。すなわち，根本的なパラダイムの転換や「生き方」を変えることにつながるような物事の見方（見え方）の変更である。ベイトソンは学習Ⅲの例として，宗教的回心や統合失調症（および統合失調症への心理療法の作用）をあげている。なお，さらに学習Ⅳの段階があるかもしれないが，ベイトソンは（生物としての）人類には到達不可能な領域としている。

　知識（概念）や技術が身についた状態はゼロ学習であるが，そこに到達するまでに学習者は試行錯誤や反復をする必要があり，これは学習Ⅰの段階である。しかし，すでに身につけた知識（概念）や技術では解決できない問題に直面し，たんなる試行錯誤や反復では乗り越えられないとき，また，より有効な（効率的な）知識（概念）や技術の獲得を目指す際には学習の方法そのものを見直す必要が生じる。そのためには学習の過程や構造の理解が必要であり，そうしたことが学習Ⅱの段階である。したがって，学習者は幼い，もしくは初学者のうちは与えられた課題に学習Ⅰのレベルで，すなわち，試行錯誤的，反復的に取り組めばよいが，いずれは自ら学習方法を見直したり，設定したりする学習Ⅱの態度を身につける必要がある。また，教師や心理職のような問題解決を支援する立場にある場合は，学習者がどのように学習すれば知識（概念）や技術を獲得することができるのかを理解し，提案できる必要があり，このためには少

なくとも学習Ⅱ，ときには限定的で具体的なレベルであるとはいえ学習Ⅲの段階が必要なことがあるかもしれない。

　ところで，人間以外のほとんどの動物において学習の段階は学習Ⅰにとどまる。学習Ⅱでは，「もし〇〇な状況（文脈）で△△をすれば××が起こるだろう」といった特定の文脈における仮定にもとづいた推測ができる必要があり，これは言語による思考によってのみ可能となる。そのため，言語能力を持たない人間以外の動物には学習Ⅱの段階に至ることは難しい。すなわち，学習Ⅱ以降の段階においては言語（能力）が必須なのだが，言語自体（もしくは言語を習得するシステム）には生得的に準備されている部分（すなわち，ゼロ学習の部分）と生活の中での経験を通じて身につける部分（学習Ⅰ），さらに読み書きや外国語の習得のように意識的かつ体系的に身につける部分（学習Ⅰに加えて学習Ⅱ）がある。さらには外国語の習得によって，異なる文化や価値観を学ぶことは学習Ⅲに到達する可能性を含んでいる。本書では，こうした言語習得の仕組みと過程についても紹介していく。この章（序章）では，次に，学習心理学と言語心理学の歴史について簡単に述べ，最後に第1章以降の内容について簡単に紹介する。

2　学習心理学と言語心理学の歴史

　19世紀後半に生まれた心理学は，20世紀初頭まで，研究者が自身の意識を観察する**内観法**を主たる方法としていた。しかし，内観法を用いて，意識を対象としている限り，主観的な解釈という限界を超えることができない。そうした意識のみを対象とした内観主義に対して，外部から観察もしくは測定が可能な行動を対象として，刺激と反応の間の法則を追求する**行動主義**が生まれた。ワトソン（Watson, J.B.：1878-1958）による「行動主義宣言」（1913年）である。その後，行動主義は20世紀後半まで心理学全体に非常に大きな影響を及ぼした。とはいえ，客観的に観察可能な行動と刺激の法則性のみを検討すべきであると考え，意識を含めた人間や動物の内的な処理過程を一切認めなかったワトソン

に対して，20世紀半ばにはハル（Hull, C. L.：1884-1952）やトールマン（Tolman, E. C.：1886-1959）が，刺激と反応の間に学習，動因，興奮といった内的な処理過程である**媒介変数**を導入した。実験や検査などの客観的な手法という行動主義の影響とともに，媒介変数の導入は内的な処理過程をモデル化していく現在の**認知主義**に引き継がれている。

また，スキナー（Skinner, B. F.：1904-1990）は自らワトソンの行動主義を受け継いでいるとし，人間の行動が環境によって完全にコントロールされていることを主張した。しかし，ワトソンが重視したのが刺激によって受動的に生じる反射のような行動であり，こうした行動が**古典的条件づけ（レスポンデント条件づけ）**の原理にもとづくのに対して，スキナーは主体の意志にもとづく自発行動を重視し，**道具的条件づけ（オペラント条件づけ）**の原理を発展させた。

スキナーの道具的条件づけの原理は，現在，行動分析学として一分野を成すとともに，**行動療法**（behavior therapy）や応用行動分析（Applied Behavior Analysis：ABA）と呼ばれる，様々な（問題）行動に対する心理療法として，臨床場面において重要な位置を占めている。

原理主義的な行動主義者であるスキナーは言語も道具的条件づけにもとづく学習の原理で説明できると主張した。それに対して，チョムスキー（Chomsky, N.：1928- ）による激しい批判がなされた。チョムスキーは，言語は単純な刺激連鎖ではなく，階層的な構造を持ち，ヒトが言語を理解できるのは言語の深層構造の処理を行っているからであると考えた。そして，ヒトは深層構造を処理する生得的な機構を持つとともに，子どもの言語獲得は道具的条件づけにもとづく学習によるのではなく，生得的な**言語獲得装置**によって行われると主張した。

チョムスキーの批判前後（1950年代）には，情報処理という観点から言語を分析する「心理言語学」が成立した。また，チョムスキーのスキナーに対する批判は，心理学における行動主義から認知主義への変化のきっかけの一つとなり，**認知心理学**が成立していく。認知心理学は記憶や思考（とくに言語的な記憶や言語による思考）をたんなる単語の集合ではなく，より複雑な文や文章と

して扱うことが必要であると考える方向に発展した。また，文や文章を理解する認知的な仕組みや過程といった自然言語処理全般が認知科学の問題として取り上げられた。

20世紀後半には，コンピュータや通信機器・環境の進歩による急激な情報処理革命が生じた。そうした中で，コミュニケーションにおける言語の役割が再度注目を浴びることになった。そこでは，言語そのものだけでなく，言語が話された文脈や，言語を理解するもしくは使うことの意味が問われている。また，20世紀末から21世紀にかけて，障害児教育に**インクルージョン**の波が押し寄せた。知的な遅れはないものの学習や読み書きに困難を示す子どもたちにどのように対応していくのか，教室では多くの困惑があるものの，様々な努力や工夫が始まっている。そして，その陰には，言語心理学や学習心理学の知見の集積がある。

3　本書で取り上げる内容

本書では，第1章から第7章までが主に学習に関連した内容，第8章から第12章までは言語に関連した内容となっている。第1章と第2章では障害や行動上の問題を取り上げ，第13章では，学習と言語の障害について扱い，心理学——とくに学習心理学や言語心理学——がどのようにかかわることができるのかについても考えていく。学校（教育）での学習は心理学が研究してきた学習の一部に過ぎないが，公認心理師としては学校（教育）における子どもたちの学習には大きな関心をはらう必要があるだろう。実際のところ，学校（教育）を中心とした子どもたちの学習の困難への対応は公認心理師の主要な仕事の一つであろう。そのため，各章では学校（教育）において学習がどのように位置づいているのかといった説明，また，学校における事例の紹介，障害等による学習の困難についての説明などが頻繁になされている。

第1章では，古典的条件づけの原理にもとづいて刺激と反応の間に新たな結びつきが形成される過程を説明する。その上で，適切な行動を促進し，不適切

な行動を減少させる方法について考えていく。とくに恐怖症やパニック障害といった古典的条件づけによって学習されてしまった不適切な刺激―反応のつながりが臨床的にどのように扱われるのかをみていく。

　第2章では，まず，道具的条件づけによる行動の形成過程を説明する。その上で，道具的条件づけの原理を用いて望ましい行動を増やし，望ましくない行動を減らす方法と，臨床や教育の場面での適用例をみていく。

　第3章では，知識や概念の学習を取り上げる。そもそも知識や概念とは何なのかという，その定義自体が問題である。その上で，知識がどのように保持され，理解へと進むのか，という仕組みを考える。さらに，私たちが通常持っている**素朴概念には科学的な概念からすると誤っているものがある**。教育，とくに学校教育の中で，科学的な概念がどのように獲得されていくのか，（誤った）素朴概念との関連を念頭に取り上げる。

　学習は「経験による比較的永続的な行動の変化」と定義されているとおり，ヒトは経験したことのない新しい課題に直面することにより新たな解決策を編み出し，新しい行動を獲得していく。しかし，ヒトはつねに論理的に行動するわけではなく，**問題解決**や学習においても偏りやこだわりが生じる。第4章では，そうした点も含めて問題解決行動の背景と仕組みを考えていく。また，第4章では，学習した内容の，学習した場面以外の場面での活用（転移）についても検討している。その一例として，小学校でのコンピュータのプログラミングを用いた教育を紹介している。2020年度から，小学校では**プログラミング教育**が必修化されているが，現状では，その目的や効果，また教え方について十分に理解されているようには見えない。本章の事例は，プログラミング教育が他の教科との関連の中で学習にどのように位置づけられるかの一例としても読める。

　ところで，私たち人間は社会的な動物であり，様々な社会集団に属している。第5章では，社会や集団での学習について考える。ヒトは社会の中で生きていくために，所属集団のルールや価値について学び，社会生活に必要な知識や行動や態度を習得しなければならない。こうした学習は**社会的学習**と呼ばれ，模

倣や観察による学習，**協働学習**を含む。協働学習とは複数名で話し合いながら行う学習である。第5章ではとくに学校における様々な協働学習を取り上げる。

　学習の中には，経験を積むことによって，最初は難しかったことがそれほど意識せずにできるようになったり（車の運転や楽器の演奏など），常人には不可能なレベルに達したり（体操選手の演技や将棋の棋士の読みなど）する現象も含まれる。こうした現象は**熟達**や**身体化**として説明されている。第6章では，初心者と熟達者では何が違うのか，また，どうすれば熟達できるのかを取り上げる。

　ヒトが何かを学習するためには，ある行動を習得し，改善していこうという気持ち（動機）が必要である。学習に対する**動機づけ**は，学習者が学習目標や結果の予測をどのようにとらえているかによって変わるだろう。第7章では，ヒトが特定の行動（の学習）へと動機づけられる仕組みを考える。たとえば，好奇心や「もっと上手になりたい」といった自身のうちから湧いてくる動機（**内発的動機づけ**）にもとづいた学習の際に，他者から報酬を与えられると動機づけが低下する**アンダーマイニング効果**が知られている。どうすれば学習や行動に対する動機づけを高め，持続させられるかは，教育や訓練の場では非常に重要な課題である。

　第8章以降では，主に言語心理学領域の内容を取り上げていく。第8章では，ヒトにとって言葉（言語）とは何かについて考えるために，言葉の基盤について取り上げる。世界には様々な言語が存在するが，どんな言語であれ，まったく翻訳不可能で意思疎通ができないといったことはない。私たちヒトは，脳をはじめとした身体的構造は共通しており，感覚や運動を通した環境との相互作用にも共通性がある。そのため，どれほど異なる言語であっても獲得できる言語には一定の制約がある。そこで，表面的な文法形態や単語は異なっているとしても，深層構造は共通しているという**普遍文法**が提案されている。また，言葉は，第一にはコミュニケーションの道具であり，他者との間でやり取りされる表象である。したがって，他者との関係を抜きに言葉の存在はありえない。第8章では，言葉の定義およびその獲得についての議論を紹介するとともに，

言葉の獲得の前提となる生物学的基盤や言葉を習得するために言葉自身が持つ制約，さらに社会的環境について取り上げていく。

　第9章では，乳児期および幼児期における話し言葉の発達をたどる。言語能力は，発語，語彙，文法の獲得といった初期の段階から，会話をしたり体験を物語ったりという段階へと拡大していくが，そのような言語発達が他者との関係性に支えられて成立していく過程を説明する。

　第10章では，書き言葉の獲得について取り上げる。書き言葉の獲得はたんなる文字の獲得といったことではなく，文を理解し，さらには文章を理解するという階層的で複雑な過程がある。同様に，文字や文，文章を書くことにも運動制御を含め，多くの要素が加わる。子どもの読み書き能力の発達は，遊びも含めた子どもたちの生活全体によって支えられている。

　読み書きはたんなる技術ではない。読み書きを通して，目的に応じて情報を適切に解釈し，利用し，さらには情報を発信する能力へと展開することが必要である。こうした能力は**リテラシー**という用語でまとめられる。インターネット上の膨大な情報を簡単に入手できる一方，多くの根拠の薄弱な言説やフェイクニュースが瞬時に世界を駆け巡る現代において，私たちはそうした情報を読み解き，自らの行動を選択することがますます重要になってきている。リテラシーを獲得することは，たんに日常生活や職業生活において有益なだけでなく，様々な情報を批判的に分析し，自ら判断する基盤となる。したがって，民主的な社会を守り，育てていく市民であるためにはリテラシーの獲得が必須となる。第11章では，リテラシーに関して，社会生活を営むのに必要な読み書き能力である**機能的リテラシー**だけでなく，さらに情報の信頼性を判断し活用するための高次リテラシーや「社会の抑圧的現実」を見抜くための批判的リテラシーについても取り上げていく。

　言語心理学の重要なテーマの一つに，**第二言語**や外国語の獲得がある。第12章では第二言語・外国語の習得を取り上げる。第一言語（母語）に関しては幼少期に生活の中で自然に獲得する。その獲得には（議論はあるものの）生得性があり，また，**臨界期**があると考えられている。しかし，私たちは複数の言語

を獲得（学習）できる。第二言語・外国語の獲得（学習）は，第一言語の獲得（学習）とは異なるのか，異なるならば何が異なるのか，といった疑問がある。また，そうした疑問に答えることは，第二言語・外国語の習得に悩む人たちへの助けになるとともに，日本の学校に在籍する外国人児童への特別の支援をどのようにしていくかという問題への助けになるかもしれない。

　最後の章（第13章）では，学習や言語の障害について考えていく。学習や言語の障害は多岐にわたるが，この章では，たとえば学校教育の中で問題になるであろう**限局性学習症／限局性学習障害（SLD）**を取り上げている。これらの障害は，ヒトの情報処理の仕組みの理解（認知心理学・言語心理学）や学習の仕組みの理解（学習心理学）にもとづいた対応が必要であり，また，実際の授業や訓練の中でも心理療法（学習心理学・臨床心理学）の生み出してきた技法が有効に働くと考えられる。一方でこうした障害においては，それぞれのケースが固有であり，固有の問題や困難に対処していくことが求められる。そのため，第13章では支援事例を紹介しながら学習や言語の障害を考えていく。

引用文献

Bateson, G. (1972). *Steps to an ecology of mind*. Chicago: University of Chicago Press.
　（ベイトソン，G. 佐藤　良明（訳）（2000）．精神の生態学　改訂第2版　新思索社）
厚生労働省（2018）．公認心理師カリキュラム等検討会報告書　Retrieved from https://www.mhlw.go.jp/stf/shingi2/0000167172.html（2018年11月9日閲覧）
野村　直樹（2008）．やさしいベイトソン——コミュニケーション理論を学ぼう！——　金剛出版
野村　直樹（2012）．みんなのベイトソン——学習するってどういうこと？——　金剛出版

第Ⅰ部

学習心理学

第1章　古典的条件づけ
——刺激と反応の新たな結びつき

郷式　徹

> 　私たちの行動は様々な理由で変化する。行動の変化のうち経験によるものを心理学では学習ととらえている。とくに、刺激・環境と人間の反応・行動の関連を研究対象とする行動主義は、条件づけと呼ばれる刺激と行動の新しい関連の起こり方を明らかにしてきた。なお、条件づけは古典的条件づけと道具的条件づけに大きく分けられる。本章では、「犬に餌を与える際にベルの音を同時に聞かせることを繰り返すと、この犬はベルの音を聞くだけで唾液を出すようになる」というパブロフの犬で有名な古典的条件づけを取り上げる。たとえば、恐怖症の一部は古典的条件づけによって説明可能で、心理療法として条件づけの原理を応用した暴露法や系統的脱感作法が標準的に用いられている。

1　学習とは

1-1　学習の一般的定義

　学習と聞くと多くの人が学校の授業や受験勉強を思い浮かべるのではないだろうか。しかし、心理学では「経験による比較的長期間続く行動の変化」を学習と定義しており、**行動の変化の多くが学習に含まれる**。この定義で重要なのは、「経験」と「長期間」である。経験はたった1回のこともあるし、何十年にもわたる繰り返しのこともある。たとえば、お風呂で体を洗うとき、あなたは体のどこから洗うだろうか。ほとんどの人は決まった順番で洗うと思われるが、こうした習慣は長い期間の反復によって形成された学習の一つである。ま

第Ⅰ部　学習心理学

図1-1　何が見える？
（出所）Gregory（1998），1.5（b）

た，なかなかわからなかった数学の問題の解き方が，一度わかると，その後は同じような問題については解けるようになる，といったことがある。こうした1回の経験で獲得されるような学習もある。自転車の乗り方や泳ぎ方は，久しぶりにやっても体が「やり方」を覚えている。体の動かし方，つまり運動の習得も学習である。他にも，抹茶アイスを食べて「自分は抹茶の味が好きだ」と気づいたり，スポーツ観戦の興奮やデートの楽しさを経験することで，様々なイベントでどんな感情体験ができるかを知ったりすることも学習である。

一方，全力で100m走った後，もう一度走ると疲労のためにタイムが落ちる。こうした変化は一時的なものであり「長期間」にわたるものではないため学習とは言わない。また，子どものころには届かなかった高い棚に，背が伸びて届くようになっても，それは「経験」による変化ではないので学習とは言わない。

ここで一つ「経験による比較的長期間にわたる行動の変化」を体験してみよう。図1-1を見てほしい。何が見えるだろうか。

真ん中右寄りにダルメシアン（犬）が左上に向かって歩いているのがわかるだろうか。よく見ると犬が歩いているのはレンガ敷きの道で，犬がいるあたりで2本の道が交差しているようにも見える。また，犬が向かう先には1本の木があるように見える。一度，この絵の中に犬が見えてしまうと，見ないようにしても犬が見えてしまう。おそらく，何年か後に同じ絵を見たときにも，犬が

見えるだろう。「『絵の中に犬が見える』と気づく経験によって比較的長期間にわたり『絵の中に犬が見える』というふうに行動の変化」が起こったのである。

1-2 行動主義における学習の考え方

19世紀後半に生まれた心理学は，はじめのうち，研究者が自分の考えていることを自分で観察するという方法を用いていた。この方法は**内観法**と呼ばれる。しかし，自分で自分の意識していることを観察するという主観的な方法に対して，客観性を欠くのではないか，という批判が起こった。そして，心理学は外から観察や測定が可能な行動を対象として，刺激と反応の間の関係を調べるべきだという主張が起こり，**行動主義**と呼ばれるようになった（序章参照）。

行動主義では，目に見えない「心」を研究対象にするのではなく，観察可能な「行動」だけを研究対象とする。その上で，刺激とそれに対する反応の関係や，そうした関係の新たな獲得を研究対象とする。なお，**刺激**（S）と**反応**（R）の関係は「**連合**」と呼ばれる。[1] 行動主義においては，新しい連合を獲得することが学習であり，連合の獲得は**条件づけ**と呼ばれる。

刺激（S）と反応（R）の連合の仕方は大きく二つに分類される。一つは「梅干しを見ただけで口の中に唾がわく」といった，刺激とそれに対して自動的に生じる反射のような行動の組み合わせである。このような刺激（S）と反応（R）の連合は「**古典的条件づけ（レスポンデント条件づけ）**」と呼ばれる原理によって説明される。もう一つは，お手伝いをして褒められると，その後，進んでお手伝いをするようになる，といった刺激（報酬や罰）に対する行為者の選択的な行動の組み合わせである。このような刺激（S）と反応（R）の連合は「**道具的条件づけ（オペラント条件づけ）**」と呼ばれる原理によって説明される（道具的条件づけについては第2章で詳述する）。

➡ 1　SはStimulusの，RはResponseの頭文字。

2 古典的条件づけ（レスポンデント条件づけ）とは

2-1 古典的条件づけの原理

　梅干を口に入れたときの酸っぱさ（刺激）による唾液の分泌（反応）は生理的な反射である。しかし，梅干しの見た目（刺激）による唾液の分泌（反応）は，過去の梅干を食べたときに酸っぱさで唾液が反射的に出た経験によって，梅干しの見た目（刺激）に対して唾液が出る（反応）という新たな関係（連合）が作られたために生じる。この新たな連合による反応を**条件反応**と呼ぶ。

　条件反応は，1902年にパブロフ（Pavlov, I. P.：1849-1936）が発見した（Pavlov, 1927 川村訳 1975）。パブロフは，犬に餌（肉粉）を与える際にメトロノーム（もしくはベル）の音を聞かせた。餌（肉粉）を与えられた犬は唾液を出す。これは生理的な反応で無条件反応と呼ばれる。犬に餌（肉粉）を与えるたびにメトロノームの音を繰り返し聞かせていると，餌（肉粉）を与えなくてもメトロノームの音を聞いただけで犬は唾液を出すようになる。これはメトロノームの音（刺激）に対して唾液を出す（反応）という新しい刺激と反応の連合が成立したためである。

　古典的条件づけと呼ばれるパブロフが見つけた条件づけでは，生理的な反応（**無条件反応**）を引き起こす**無条件刺激**と，そうした無条件反応を引き起こさない中性刺激を同時に提示される経験を繰り返すと，中性刺激に対しても無条件反応と同様の反応が生じるようになる。なお，中性刺激に対して無条件反応と同様の反応が生じるようになったら，中性刺激を**条件刺激**，それに対する反応を**条件反応**と呼ぶ（図1-2）。

　古典的条件づけの成立に重要なのは，条件刺激（中性刺激）が無条件刺激と同時に提示（**対提示**）されることである。条件づけにおいて「同時」とはおおよそ60秒以内を指す（杉山・島宗・佐藤・マロット・マロット，1998）。また，古典的条件づけにおける反応は唾液の分泌のような生理的な反応や，喜びや恐怖などの感情反応であり，これらは無条件刺激に対して自然と起こるもので，自

第1章　古典的条件づけ

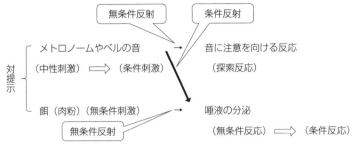

図1-2　古典的条件づけの概念図

（注）最初は生理的な反射（無条件反射）（→）しかないが，メトロノームやベルの音（中性刺激）と餌（肉粉）（無条件刺激）の対提示を繰り返すうちに，メトロノームやベルの音（条件刺激）に対して唾液の分泌（条件反応）が生じる条件反射（➡）が成立する。

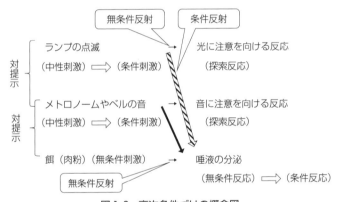

図1-3　高次条件づけの概念図

（注）音に対する条件づけ（➡）が成立した後に，音と光（ランプの点滅）を対提示する。この場合，音が無条件刺激・唾液の分泌が無条件反応となり，光は中性刺激である。音と光の対提示を繰り返すと，光に対しても（音に対するのと同様に）唾液の分泌（条件反応）が生じる条件反射（⧄）が成立する。

分の意志でコントロールすることが難しい。

　なお，ある刺激（たとえば音）に対する条件反応が形成されたのち，その刺激（音）と別の刺激（光）を対提示することで，別の刺激（光）に対しても条件づけを形成できる。こうした条件づけの連鎖を**高次条件づけ**と呼ぶ（図1-3）。

2-2 古典的条件づけの消去

古典的条件づけが形成されると，無条件刺激を示さずに条件刺激だけを示しても条件反応が生じるようになる。しかし，無条件刺激なしに条件刺激だけを示すことを繰り返す，すなわち，条件刺激と無条件刺激の対提示をやめてしまうと，条件刺激に対する条件反応は次第に弱くなり，いずれは消えてしまう。これは**消去**と呼ばれる過程（手続き）である。

2-3 古典的条件づけの般化と弁別

さて，図1-2で示したような古典的条件づけが成立した際，条件づけに用いたベルの音とまったく同じ音でなければ条件反応は生じないだろうか。試しに刺激を最初のベルAと少し違うベルBの音に変えてみる。このとき，ベルBに対しても犬がよだれを垂らす反応をすれば，ベルBの音も条件刺激として働いているということになる。このように（少し）異なるが類似する刺激が同様に条件刺激となる場合，刺激が**般化**した，あるいは般化が生じたという。なお，刺激どうしの類似度が高いほど条件反応は生じやすく，類似度が低いと生じにくい。このような刺激の類似度と般化の生じやすさの関係を**般化勾配**と呼ぶ。

一方，条件刺激であるベルAに対しては唾液分泌（条件反応）が生じるが，ベルBには生じない場合，犬はベルAとベルBの音を区別している。このように二つの類似した刺激を区別できることを**弁別**と呼ぶ。では，犬がベルAとベルBの音を弁別できない場合，つまり，ベルAとベルBに自然な般化がある場合に，弁別できるようにするにはどうしたらよいだろうか。この場合，ベルAの音（条件刺激）と餌（無条件刺激）を対提示し，条件刺激と似ているが異なる刺激であるベルBの音に対しては餌（無条件刺激）を与えないようにする。これを繰り返すと，最初は般化によりベルB（類似の刺激）にもよだれを垂らす条件反応が生じるが，次第にベルB（類似の刺激）には条件反応が起こらなくなり，弁別できるようになる。ただし，二つの刺激があまりにも似ているときには弁別できるようにはならない。

ここまで見てきたように，古典的条件づけの形成，消去は，条件刺激（中性

刺激）に対して無条件刺激を対提示するか，しないか，般化・弁別の場合は条件刺激と類似する中性刺激に対して無条件刺激を対提示するか，しないか，によって制御をすることができる。

3 望ましくない古典的条件づけの形成

3-1 恐怖感情の学習

　まったく危険や害がない刺激に対して，恐怖や不安を感じてしまう**恐怖症**と呼ばれる心理的な症状がある。たとえば，危険がないにもかかわらず高いところに上がれない高所恐怖症や狭い場所に恐怖を感じる閉所恐怖症，人がたくさんいる場所に行けない群衆恐怖症などがある。こうした恐怖症が古典的条件づけによって形成されている場合がある。

　これを確かめた実験として，1920年ごろにワトソン（Watson, J. B.：1878-1958）によって行われた「**アルバート坊やの実験**」がある（Watson & Rayner, 1920）。ワトソンは生後11か月のアルバート坊やの前に白ネズミを置いた。この時点では，白ネズミはアルバート坊やに恐怖といった特定の生理的反応を引き起こすわけではないので中性刺激である。アルバート坊やが白ネズミに興味を持って手を伸ばしたときに，鉄の棒を金づちで叩いて大きな音を出し，怖がらせた。大きな音が無条件刺激であり，それに対する恐怖反応が無条件反応である。これを何度も繰り返した結果，白ネズミ（条件刺激）を怖がる（条件反応）という古典的条件づけが成立した（図1-4）。ワトソンは恐怖反応を人工的に条件づけすることに成功し，恐怖は後天的に学習されると主張した。

　ところで，その後，アルバート坊やは白ネズミだけではなく，白いウサギや白いあごヒゲのサンタクロースなども怖がるようになった。すなわち，般化が生じたのである。なお，このような実験は子どもに心的外傷（トラウマ）を残す危険があり，現在では許されない。

第Ⅰ部　学習心理学

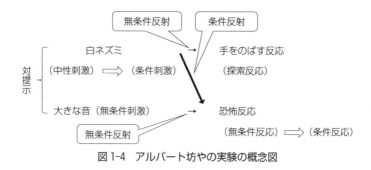

図1-4　アルバート坊やの実験の概念図

3-2　条件づけによる恐怖症

ところで，古典的条件づけは唾液の分泌のような意識を伴わない生理的な反応，喜びや恐怖などの感情のような自分の意志でコントロールすることが難しい反応に対して生じる。自分の意志による自発的な反応や行動ではないため，古典的条件づけが生じても，何が条件刺激や無条件刺激なのかがわからないままに条件反応が生じてしまっていることがある。また，命の危険を感じるような，あるいは重度の体調不良を生じるような経験をした場合，たった1回の無条件刺激と条件刺激の対提示でも条件づけが成立する場合がある。

たとえば，閉所恐怖症のケースを考えてみよう（図1-5）。この場合，狭い場所（閉所）が条件刺激で，狭い場所に対して感じる恐怖が条件反応である。では，無条件刺激は何だろうか。無条件反応は条件反応と同じ反応なので，恐怖反応が無条件反応である。すると，無条件刺激は自然と恐怖反応を引き起こす

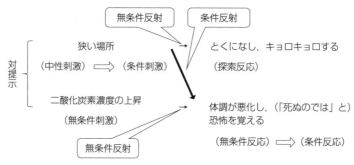

図1-5　閉所恐怖症の概念図

ような刺激で，条件反応と対提示された，つまり，狭い場所（閉所）にあった刺激である。たくさんの人がいる狭い場所，たとえば，止まってしまった満員のエレベータを想像してみよう。止まってからしばらくすると暑くなり，息苦しくなってくる。じつはそのとき，エレベータ内の二酸化炭素の濃度がたくさんの人が吐き出す息（二酸化炭素）によりほんの少しあがっているのだ。たまたまそのとき少し体調も悪かったあなたは，その二酸化炭素濃度のちょっとした変化のために気分が悪くなり，「このまま死んでしまうのではないか」と恐ろしくなった。あなたには気分が悪くなったのが二酸化炭素濃度の上昇のせいだとはわからない。たまたま，そこがエレベータという「狭い場所（閉所）」だったために，「狭い場所」が条件刺激となる古典的条件づけが成立してしまったのである。それ以来，狭い場所で恐怖を感じるようになり，狭い場所に近づくことができなくなった。

閉所恐怖症の人は極力狭い場所を避けるだろう。しかし，そのことが閉所恐怖症という条件づけの消去を妨げる。狭い場所（閉所）に行っても，通常，そこの二酸化炭素濃度は高くなく，気分が悪くなったりすることはない。つまり，恐怖症や嫌悪反応が生じるような条件づけが生じた場合にも，その後，条件刺激に近づく経験を繰り返したならば，条件づけが成立した場合と違って，多くの場合，無条件刺激はそこにはない（対提示されない）。そのため，形成された条件づけ（恐怖症）は消去されていくはずである。しかし，ヒトは，普通，恐怖や嫌悪が生じるような場面に近づかないようにする。そのため，一度形成された恐怖症や嫌悪反応が生じるような条件づけはなかなか消去されることがない。

4 古典的条件づけの臨床的応用

4-1 恐怖症や不安への応用

恐怖症や不安が古典的条件づけによって形成されている場合，古典的条件づけの原理を使って対応することが可能である。古典的条件づけの原理は，「**行**

第Ⅰ部　学習心理学

☕**コラム　ジョセフ・ウォルピ（Wolpe, J. : 1915-1998）**

　ウォルピは行動療法を先導したサイコセラピストで、系統的脱感作法を開発した。また、アサーション・トレーニングの基礎を築いた。

　ウォルピは第二次世界大戦中に精神科の軍医として戦争神経症の患者を治療していた。しかし、戦場で出会った戦争神経症――麻痺・けいれん・激しい恐怖・大量発汗・睡眠障害・心因性の失語や失明――に対して彼が当時傾倒していた精神分析的な方法は効果がなかった。ウォルピはより確固とした効果と理論を持つ心理療法を追い求めて、次第に、古典的条件づけに引きつけられ、最終的に客観的に観察可能な「行動の経過・変容」を取り扱う**行動療法**（behavior therapy）にたどり着いた。

　科学的かつ実証的な心理療法を追い求める中で逆制止と暴露法（エクスポージャー法）を組み合わせた系統的脱感作法を開発した。系統的脱感作法は、恐怖症等の神経症で治療効果が著しく、今日では基本的な治療法の一つとして位置づけられている。また、1950～60年代にかけて、アサーション・トレーニングを実施し、その基礎を築いた。アサーション・トレーニングは自分の感情や思考、考え方などを、攻撃的にならずに相手に伝える方法で、適切な行動がとれる場面の数と種類を増やしていくトレーニングである。

動療法」において様々な技法として用いられている。

　たとえば、**暴露法（エクスポージャー法）**と呼ばれる技法は、しばしば恐怖症や不安障害に用いられる。暴露法では、クライエントを恐怖や不安を感じる対象（条件刺激）に直面させ、そうした条件刺激に直面してもそこに無条件刺激がなければ恐怖反応や不安が起こらないことを経験させる。無条件刺激と対提示しない状態で条件刺激を与え、無条件反応が生じないことを経験することで、恐怖や不安を除去（消去）するという方法である。

　無条件刺激と対提示しない状態で条件刺激を与え続けても、条件づけが成立していれば、しばらくは条件反応が生じるはずである。したがって、暴露法でいきなりクライエントを恐怖や不安を感じる対象（条件刺激）に直面させると、しばらくは条件反応（恐怖反応や不安）が生じてしまう。そこで、暴露法を実施する前に、不安や恐怖感に対抗する身体反応・感情反応（**拮抗反応**）を引き起こせるように訓練しておくことが多い。このように、ある感情と同時に生じることが不可能な感情反応・身体反応を引き起こすことを**逆制止**と呼ぶ（Wolpe, 1958　金久監訳 1977）。

ウォルピ（Wolpe, J.：1915-1998）は，逆制止と暴露法を組み合わせた**系統的脱感作法**を考案した（Wolpe, 1958　金久監訳 1977）。系統的脱感作法では，まず，どんな状況でどのくらい不安になるかを段階別に分類する。と同時に，筋肉をリラックスさせる筋弛緩を中心とする訓練を行う。ヒトは不安や恐怖を感じたときには筋肉が緊張する。そのため，筋弛緩は不安・恐怖とは同時に生じない反応（拮抗反応）であり，筋弛緩によって逆制止が起こると想定される。その上で，一番弱い不安を感じる状況から，段階的により強い不安状況に直面（暴露）させていく。不安に対しては，リラクセーション（筋弛緩）による逆制止によりその発生を抑える。なお，暴露に関しては，実際に不安状況（条件刺激）に直面させるのではなく，そうした状況・場面をイメージさせることも多い。このように逆制止によって，無条件刺激と対提示しない状態で条件刺激を与えても条件反応が生じない状態を，不安が弱い状況から徐々に経験していくことで，不安や恐怖を克服していくのが系統的脱感作法である。この方法は恐怖症や不安障害，パニック障害の治療で大きな効果を上げている。なお，系統的脱感作法では，弱い不安から強い不安へと段階的に暴露（経験）していくが，いきなり最大の不安・恐怖を感じるイメージに直面させる**インプロージョン療法**（implosion therapy）もある。

　他には，依存症のような習慣性の高い不適応行動に対する**嫌悪療法**がある。たとえば，アルコール依存における嫌悪療法では，抗酒剤（酒を飲むと気分が悪くなる薬）を服用しておく。すると，酒を飲むと吐き気や頭痛が起こる。つまり，抗酒剤（無条件刺激）に対する吐き気や頭痛（無条件反応）から酒（条件刺激）に対する吐き気や頭痛（条件反応）という古典的条件づけを形成することにより，飲酒という不適応行動を抑制もしくは除去する技法である。なお，嫌悪療法においては，抗酒剤のような薬物以外に，不快なイメージや電気ショックのような肉体的な苦痛を用いる方法など様々な嫌悪刺激が使われる。

4-2　学校や日常生活での応用

　今日の大きな教育問題の一つに不登校がある。不登校の原因には様々なもの

第I部　学習心理学

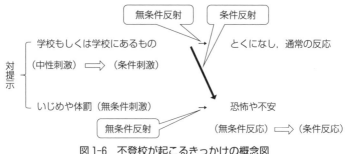

図1-6　不登校が起こるきっかけの概念図

があると思われるが，不登校においても恐怖症と同様の現象が生じている可能性がある。たとえば，いじめや教師による体罰（無条件刺激）は恐怖や不安反応（無条件反応）を引き起こすが，その際，学校もしくは学校にある何らかの状況が条件刺激となり恐怖や不安反応（条件反応）を引き起こす古典的条件づけを成立させる（図1-6）。そのため，学校に行くと恐怖や不安が生じるため，学校に行くことができなかったり，行きたくなくなったりする。

いじめや体罰が解決すれば，無条件刺激はなくなる。登校を続ければ，いじめや体罰はなくなっていて，それに対する無条件反応，つまり恐怖や不安も生じないことがわかっていくだろう。しかし，無条件刺激がなくなっても，登校すると条件反応によって恐怖や不安が生じたり，恐怖や不安が生じるという予測により学校に行けない状態が生じる。そして，時間が過ぎると，授業についていけないといった他の問題（**二次的障害**）が生じて，ますます学校に行きにくくなる。

こうした場合，不登校が始まった初期の段階で，（もちろん，きっかけとなったいじめや体罰は解決した上で）登校刺激を与えることが重要である。不登校の場合，条件刺激が何なのかはわからないことも多いが，保健室登校や別室登校，短時間の登校などを経て段階的に在校時間や状態を通常に戻していくことは有効だろう。また，不登校への対応を進めていく中で，当初の不適切な条件づけは消去されているにもかかわらず，授業がわからないといった二次的な問題により教室に復帰しにくいといったことが生じないようにすることも重要である。

ここまで，古典的条件づけの応用として，問題行動への対応を中心に述べてきた。しかし，そうしたネガティブな場面だけではなく，スポーツや試験でのパフォーマンスを上げるといったポジティブなことにも応用できる。たとえば，古典的条件づけの応用により緊張感などをコントロールすることができる。

　緊張感は強すぎても弱すぎても力を発揮できない。それぞれの行動に最適な緊張感がもっとも高いパフォーマンスを生み出す（**ヤーキーズ・ドットソンの法則**）。そこで，練習ではできるのに本番になると緊張のために実力が発揮できないといったケースで古典的条件づけが役立つ。つまり，古典的条件づけを利用して，その行動に最適な緊張状態を条件反応として生じるようにすればよい。たとえば，練習でバッターボックスに入る場面や，模試で問題・解答用紙が配られる場面を考えよう。こうした場面が無条件刺激である。練習や模試なので，過度の緊張はない。実力が発揮できる適度な緊張感（無条件反応）である。ここで必ず決まった行為・動作を行う。この行為・動作が条件刺激となる。たとえば，「両手を組み，その後，右手で左肩を触る，次に左手で右肩を触る」といった複雑すぎず，かといって簡単すぎないものがよい。あまり複雑だと，試合中などの切迫した場面で行えないかもしれない。一方，日常でも頻繁に行う単純な動作だと，その動作に注意を向けにくく，条件反応を発動する条件刺激になりにくい。こうした行為・動作（**ルーティーン**もしくはルーティーンワーク）を練習の際に必ず行う。この繰り返しを通して，試験や試合に臨んだ際にルーティーン（条件刺激）が適度な緊張感（条件反応）を引き起こし，実力を発揮することを可能にするといった古典的条件づけを成立させる（図1-7）。こうした条件づけが成立するためには，もちろん，適度な緊張感をもって練習や模試に臨むことが必要である。また，練習でできないことが本番でできるようになるわけではない。

　緊張感以外に一時的な集中力の向上といったことにも応用できるだろう。また，先に紹介した系統的脱感作の中で行うリラクセーションにより不安を低減するといったことも日常の様々な場面で有効だろう。このように古典的条件づけの原理を日常生活と結びつけながら理解することは，公認心理師の実践にも

第Ⅰ部　学習心理学

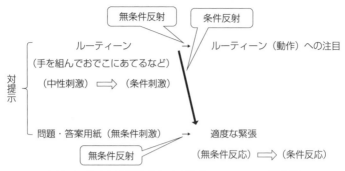

図1-7　適度な緊張を生じさせるルーティーンの概念図

役立つはずである。

> ❖考えてみよう
> 　予防接種や健康診断の採血の際に注射をする。実際に注射をされると我慢できないほど痛いというわけでもない。しかし，注射をされるのが好きな人はあまりいない。注射嫌いについて古典的条件づけの原理を用いて説明するとどのようになるだろうか。無条件刺激，条件刺激，無条件反応，条件反応はそれぞれ何だろうか。

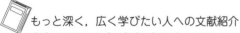もっと深く，広く学びたい人への文献紹介
　実森 正子・中島 定彦（2000）．学習の心理——行動のメカニズムを探る——　サイエンス社
　　☞本書は学習に関する全般的な内容を含む教科書である。ただし，全10章中，学習の定義に1章，古典的条件づけに3章が割かれており，一般的な学習心理学の教科書よりは条件づけ，とくに古典的条件づけを詳しく扱っている。とは言え，心理学概論や心理学研究法を学んでいれば，それほど難しくはないだろう。
　今田 寛（1996）．学習の心理学　培風館
　　☞本書は行動主義にもとづく学習心理学を解説したもので，とくに第2部で20世紀後半の新たな展開を紹介している。そこでは，学習に対する生得的傾向の影響，古典的条件づけの随伴性において刺激を情報として重視する考え，そこから発展したレスコーラ・ワグナー理論などについてわかりやすく解説されている。

引用文献

Gregory, R. L. (1998). *Eye and brain: The psychology of seeing.* Oxford: Oxford University Press.

Pavlov, I. P. (1927). *Conditioned reflexes: An investigation of the physiological activity of the cerebral cortex.* Oxford: Oxford University Press.
（パブロフ，I. P.　川村　浩（訳）（1975）．大脳半球の働きについて――条件反射学――（上・下）　岩波書店）

杉山 尚子・島宗 理・佐藤 方哉・マロット，R. W.・マロット，M. E.（1998）．行動分析学入門　産業図書

Watson, J. B., & Rayner, R. (1920). Conditioned emotional reactions. *Journal of Experimental Psychology, 3,* 1-14.

Wolpe, J. (1958). *Psychotherapy by reciprocal inhibition.* Stanford, CA: Stanford University Press.
（ウォルピ，J.　金久 卓也（監訳）（1977）．逆制止による心理療法　誠信書房）

第2章　道具的条件づけ
——行動修正のメカニズムと実際

郷式　徹

　第1章で取り上げた古典的条件づけはホルモン（内分泌系）などによる生理的・受動的な反応に関する条件づけである。それに対して，体（筋肉）を動かす，話す，考えるといった自発的な反応に関する条件づけが道具的条件づけである。道具的条件づけは私たちの行動の多くを説明するとともに，問題行動の修正から精神障害の治療に至るまで幅広く用いられている。

　本章では，道具的条件づけの基本原理の説明の後，ヒトや動物の行動に影響する様々な要素や複雑な行動の形成について取り上げていく。また，道具的条件づけを心理療法や教育・訓練に用いる応用行動分析学について紹介する。

1　道具的条件づけ（オペラント条件づけ）とは

1-1　道具的条件づけの原理

　行動主義においては，刺激（S）と反応（R）の連合の新たな獲得が学習であり，連合の獲得は条件づけと呼ばれる。条件づけは古典的条件づけ（第1章参照）と道具的条件づけの大きく2種類に分けることができる。

　道具的条件づけ（オペラント条件づけ） とは，ヒトや動物の自発的な行動によって状況がよくなると，その後，その行動を反復して行うようになり，行動によって状況が悪くなると，その行動は減少，もしくは行わなくなる，という関係である（図2-1）。道具的条件づけは，ソーンダイク（Thorndike, E.L.：1874-1949）やワトソン（Watson, J.B.：1878-1958）の研究をもとに，スキナー

第Ⅰ部　学習心理学

（偶然もしくは試行的な行動→）状況 ｛ ポジティブな変化 ➡ 行動の増加
　　　　　　　　　　　　　　　　　（刺激）
　　　　　　　　　　　　　　　　　ネガティブな変化 ➡ 行動の減少

図2-1　道具的条件づけの概念図

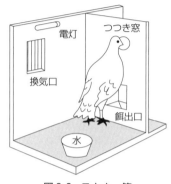

図2-2　スキナー箱
（出所）池田（2009）（一部改変）

(Skinner, B. F. : 1904-1990) により体系化された。ソーンダイクは，ひもを引くと扉が開き，外にある餌を食べることができる問題箱に猫を入れ，猫が箱から出る行動をどのように学習するかを研究し，試行錯誤を通した刺激と反応の連合の形成過程として学習を記述した。スキナーは問題箱を発展させた**スキナー箱**を考え出した。スキナー箱は，ネズミが箱の中のレバーを押したり，ハトが箱の中のつつき窓をつつくと餌が出る仕組みになっている（図2-2）。

1-2　行動随伴性

　道具的条件づけにおける刺激と反応の連合は**行動随伴性**と呼ばれる。たとえば，図2-3のように，「餌がない」という状況がレバーを押すという行動によって，直後に「餌がある」というポジティブな状況に変化する経験をする。この経験によって，将来的にレバーを押すという行動が増えるという関係が行動随伴性である。ある行動をすると状況の変化という結果が生じるのではなく，状況の変化という刺激が原因となり，その後の行動の増減という結果を引き起こすことに注意が必要である。なお，行動随伴性による行動の増加は強化，行

図2-3　スキナー箱の中のネズミのレバー押し行動の随伴性ダイアグラム

(注)　行動随伴性を，行動の直前の状況→行動→行動の直後の状況という図に表したものを随伴性ダイアグラムと呼ぶ。

表2-1　行動随伴性のパターン

		状況の変化	
		出現	消失
直後に出現する強化子の種類	好子もしくは報酬（正の強化子）	強化（正の強化）＝行動の増加	弱化（負の罰）＝行動の減少
	嫌子もしくは罰（負の強化子）	弱化（正の罰）＝行動の減少	強化（負の強化）＝行動の増加

動の減少は弱化とも呼ばれる。

　行動直後の状況のポジティブな変化，すなわち，将来行動を増加させるような刺激やできごとを**好子**（**正の強化子**），行動を減少させるような刺激やできごとを**嫌子**（**負の強化子**）と呼ぶ。行動の増減は，行動の直後の好子や嫌子の出現や消失によって表2-1のような4パターンに分けられる。なお，行動の「直後」とは60秒以内を指す（杉山・島宗・佐藤・マロット・マロット，1998）。

2　行動の制御

　この節では，道具的条件づけの基本原理（表2-1）に加えて，行動の増減に影響する三つの現象を説明する。一つめは，条件づけによって増加もしくは減少した行動が元に戻る**消去**と**復帰**と呼ばれる現象である。二つめは，ある状況でのみ行動が生じ，それ以外の状況では生じないようにする**弁別学習**と呼ばれる手続きについてである。三つめは，**強化スケジュール**と呼ばれる好子出現のタイミングによって行動の増加の仕方が異なるという現象である。

2-1 消去と復帰

好子出現や嫌子消失による行動の増加の後に，その行動をしても状況に変化が生じないように，すなわち，好子出現や嫌子消失が起こらなくする。すると，次第にその行動は減少して元の頻度に戻る。これを**消去**と呼ぶ。一方，好子消失や嫌子出現により行動が減少した後に，行動に伴う状況の変化を生じなくする。すると，その行動は再び増加して元の頻度に戻る。これを**復帰**と呼ぶ。

2-2 刺激の弁別と般化

道路を渡るときには信号を見る必要がある。つまり，「道路を渡る」行動ではなく，「信号が青のときにだけ道路を渡る」行動を強化しなければならない。（青）信号のように行動すべきかどうかの手がかりとなる刺激を**弁別刺激**（**手がかり刺激**）と呼ぶ。このような学習（**弁別学習**）には，弁別刺激が存在するときの特定の行動は強化し，弁別刺激がないときの同じ行動は強化しないという手続きを用いる[1]（図2-4）。

弁別とは反対に，同じ属性を持つ個々の刺激を同一の弁別刺激とみなすようになることを**般化**と呼ぶ[2]。たとえば，様々な犬種（柴犬，ダルメシアン，チワワ……）の写真を弁別刺激とし，犬の写真（弁別刺激ありの状況）と犬以外の動物の写真（弁別刺激なしの状況）を見せ，犬の写真（弁別刺激あり）に対して正しく「犬」と答えることを強化する。最終的に，はじめて見る犬種（たとえばブルドック）でも正しく「犬である」と判断できるようになれば，刺激般化が生じているといえる。

➡1 多くの本では，弁別刺激—行動—強化子（好子や嫌子）の関係を**三項随伴性**と呼び，道具的条件づけを三項随伴性の学習として説明している。たしかにヒトや動物の行動の多くは弁別刺激によって制御されているが，道具的条件づけの基本原理は，「行動」と「状況の変化（刺激）」の連合の獲得であり，弁別刺激は必須要因ではない。そのため，本書では三項随伴性ではなく，状況の変化が行動の増減が生じるという行動随伴性を基本として説明している。

➡2 ここで取り上げた般化は刺激に関する般化（刺激般化）である。他にも場面般化，対人般化，反応般化等の般化がある（佐竹，2000）。

第2章 道具的条件づけ

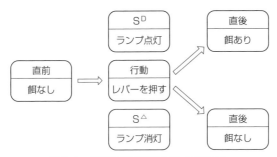

図 2-4 弁別学習の随伴性ダイアグラム
(注) スキナー箱のネズミに対し，壁のランプを弁別刺激としてレバー押し（行動）を強化する。ランプ点灯時（弁別刺激ありの状況）にレバーを押すと，好子が出現する。一方，ランプ消灯時（弁別刺激なしの状況）でレバーを押しても好子は出現せず，弁別刺激がある状況でのみ行動が強化される。なお，S^D は弁別刺激ありの状態を，$S^\triangle$ は弁別刺激なしの状態を示す。

2-3 強化スケジュール

ここまでは，行動のたびに強化される状況を想定してきた。スキナー箱の中のネズミがレバーを押すたびに毎回餌が与えられるような場合である。しかし，毎回ではなく5回押さなければ，好子が得られないという設定もできる。

行動のたびに毎回強化される場合を**連続強化スケジュール**，毎回強化されない場合を**部分強化スケジュール**と呼ぶ。部分強化スケジュールは強化のタイミングにより表2-2のように分類される。同じ行動であれば，VRスケジュールがもっとも速く，つまり効率的に学習が進み，FIスケジュールがもっとも遅い。また，随伴性が成立（学習が完了）した後に好子出現や嫌子消失をやめると，行動が消去されるが，完全に消去されるまでの時間や行動の回数はVRスケジュールがもっとも大きく，FIスケジュールがもっとも小さい。なお，行動の消去に要する時間や回数を**消去抵抗**と呼ぶ。

このように何回かに1回しか好子が得られない場合（VRスケジュール）に，ヒトや動物はもっとも効率的に特定の行動を学習するとともに，その行動を維持しやすい。たとえば，ライオンの狩りの成功率は2～3割しかない。自然環

表2-2 様々な部分強化スケジュール

スケジュール名	定義	例
定比率強化スケジュール (Fixed Ratio：FR)	特定の回数の行動で好子が出現	ネズミがレバー押しを50回するごとに餌が与えられる
変比率強化スケジュール (Variable Ratio：VR)	特定の確率の回数の行動で好子が出現	レバー押しをすると平均50回に1回だけ餌が与えられる
定時隔強化スケジュール (Fixed Interval：FI)	最後の強化から、特定の時間経過後の最初の行動で好子が出現	餌を与えられた後、30秒間はレバーを押しても何も起こらない。その後、(最初の)レバー押しに餌が与えられる
変時隔強化スケジュール (Variable Interval：VI)	最後の強化から特定の確率の時間経過後、最初の行動で好子が出現	餌を与えられた後、平均30秒間はレバーを押しても何も起こらない。その後、(最初の)レバー押しに餌が与えられる

(注) 強化スケジュールの手続きにおいては、好子消失や嫌子出現 (弱化)、嫌子消失 (強化) もありうるが、ほとんど好子出現が用いられる。

境での動物の行動の多くが何回かに1回しか好子を得られないVRスケジュールとなっている。何回かに1回しか成功しないからといって狩りをしないと、ライオンは飢え死にしてしまう。そのため、VRスケジュールにおいてもっとも効率よく学習が進み、また、消去抵抗も大きくなるように動物は進化してきた。ヒトでも同様の例が見られる。たとえば、赤ちゃんがぐずるたびに親が対応していると、赤ちゃんは空腹やおむつが濡れて不快なときにしっかりと泣いて知らせることをしなくなってしまう。赤ちゃんがぐずってもときには放っておくくらいの「いい加減な」育児——ぐずっても毎回は状況が変化しないVRスケジュール——の方が赤ちゃんのコミュニケーション能力を伸ばす。[3]

一方、効率的な強化と消去抵抗の強さが問題となる場合もある。たとえば、ギャンブルで勝てるのは何 (十) 回に1回で、多くは運まかせ、つまり確率的なものであり、完璧なVRスケジュールで構成されている。学習しやすく、消去が難しいために、依存状態になりやすく、依存から抜け出すことは難しい。

➡ 3　発達心理学や臨床心理学では、こうした適度なかかわりを行う母親をgood enough motherと呼ぶ。

3 複雑な行動の形成

この節では,力加減の学習や,単純な行動が組み合わさった複雑な行動の学習を紹介する。また,大人には強力な好子であるお金は,赤ちゃんには何の価値もない。お金のような学習による好子,すなわち価値の習得についても取り上げる。

3-1 分化強化と分化弱化

生卵を割るときにテーブルの角にぶつけて割ることを考えてみよう。この場合,怖がって弱くぶつけると割ることはできない。たんに「テーブルの角に卵をぶつける」という行動を強化するだけではだめで,「ある程度以上の勢いで,テーブルの角に卵をぶつける」という行動を強化しなければならない(図2-5)。このように特定の行動を「ある状態」で行うように強化することを**分化強化**,行わないように弱化することを**分化弱化**と呼ぶ。

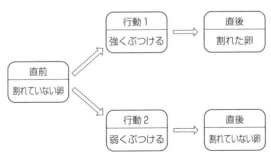

図2-5 分化強化の随伴性ダイアグラム

(注)行動の直前の「割れていない卵」という状況が,(卵を)強くぶつける(行動1)と「割れた卵」というポジティブな状況へと変化(好子出現)する。一方,弱くぶつける(行動2)と状況は変化しない。そのため,行動1だけが強化され,行動2は消去される。

3-2 シェイピング

「靴下をはく」という行動は，①靴下をもって床に座る→②靴下の口ゴムを自分の方を向けてそろえて置く→③かかとの部分を下にして，口ゴムの端と端を左右の手で摘まむ→④口ゴムを左右に少し広げる→⑤そこに右足の先を入れる→⑥口ゴムを引っ張って広げながら，かかとまで引き上げる→⑦口ゴムの部分を摘まんだ手はそのままで足先を伸ばす（つま先立ちをする動き）→⑧口ゴムを引っ張り，かかとを越えて引き上げる→⑨一度手を放し，つま先からかかとに向けてたるんでいるところを引っ張る→⑩再度口ゴムの左右を持って一番上まで引き上げてたるみをなくす，という10のステップに分けることができる。このように一つの行動をその構成要素に分けることを**課題分析**と呼び，道具的条件づけを現実場面で応用する際には重要な手順である。

「靴下をはく」行動を強化する場合，このステップを順次強化していく必要がある。つまり，①靴下をもって床に座るという行動を強化し，それができれば，②靴下の口ゴムを自分の方を向けてそろえて置くという行動を強化する，といったように進めていく。なお，子どもに「靴下をはく」行動を強化する場合，①から順番に強化するのではなく，完成に近い状態から進めた方がやりやすい。つまり，⑨一度手を放し，つま先からかかとに向けてたるんでいるところを引っ張る状態までは大人がやってあげて，まずは⑩口ゴムの左右を持って一番上まで引き上げてたるみをなくす行動を強化する。それができれば，⑧までは大人がやり，子どもには⑨→⑩を強化する，という手順である。

このように複雑な行動を構成要素となる簡単な行動に分解し，簡単な行動を次々と強化していく手続きが**シェイピング**である。なお，構成要素のうち失敗につながる行動や不適切な行動を順次弱化していき，適切な行動の連鎖のみを残す形でもシェイピングは可能である。

3-3 習得性の好子と嫌子

道具的条件づけの原理にもとづいた動物の行動の多くを強化もしくは弱化しているのは，食べ物や水といった好子もしくは痛みや寒さといった嫌子である。

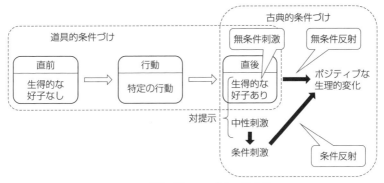

図2-6　習得性好子の成立の概念図

こうした生まれつき好子や嫌子として働く刺激を**生得性好子**と呼ぶ。一方，元々は好子や嫌子としての性質を持たない中性的な刺激ではあるが，経験を通して，すなわち学習により，好子や嫌子として働くようになる刺激もある。図2-6のように道具的条件づけにおいて好子や嫌子と中性刺激を対提示すると，古典的条件づけの原理により中性刺激が好子や嫌子の機能を持つようになる。こうした好子や嫌子を**習得性好子**や**習得性嫌子**と呼ぶ。

　心理療法や訓練では，しばしば**トークン**と呼ばれる習得性好子を用いる。トークンは裏付好子もしくはバックアップ好子と呼ばれる他の好子と交換することができる。裏付好子は習得性好子であるトークンを機能させる好子であり，多くの場合生得的な好子である。トークンの中でもお金のように多種多様な裏付好子を持つものを，とくに**般性習得性好子**と呼ぶ。

　生得性好子は，たとえば，食べ物だとある程度以上食べると満腹になり欲しくなくなる，つまり，好子として機能しなくなる。そのため，確立操作と呼ばれる生得性好子が機能しやすい状態（たとえば，空腹状態）を作り出す操作が必要となる。しかし，お金持ちが「もうお金はいらない」と言わないように，習得性好子ならば，必要なときまでためておくことができるので，好子が機能しにくい状態になりにくい。

4 応用行動分析学

　道具的条件づけの原理・体系を研究する分野は，現在では，**行動分析学**，とくに心理療法や教育・訓練に関する分野は**応用行動分析学**，と呼ばれる。
　臨床への応用では，問題行動の減少（消去）や望ましい行動の増加のために介入を行う。介入を行うには，まず，対象行動の定義が必要である。また，介入に効果があったか，すなわち，好子や嫌子として選んだ刺激が本当に好子や嫌子として機能したのかは，行動が増減した場合にのみ判明する。したがって，行動の増減を把握するために，行動を介入前後で正確に測定する（数える）ことが重要である。

4-1　介入の前に──行動の定義（死人テスト）とベースラインの測定

　行動分析学の対象となる行動は，自発的な行動であり，多くの場合，筋肉の活動を伴う。しかし，それではわかりにくいので「死人（死体）にできないこと」を行動と定義している。この定義に従うと「じっと椅子に座っている」「黙っている」「叱られる」というのは死体にもできるので行動ではない。「立ち歩く」「隣の子に話しかける」ことは死体にはできないので行動である。条件づけによって，行動は増やしたり，減らしたりできるが，行動でないものは増やしたり，減らしたりはできない。したがって，授業中に「席に座っている」とか「黙っている」ようにすることは，行動ではないのでできない。一方で「立ち歩く」ことや「隣の子に話しかける」ことは，行動なので減らすことができる。
　介入前に，増加もしくは減少させたい行動を正確に把握する必要がある。正確な把握とは，行動が1日に何回生じるのか，何分くらい持続するのか，どのくらいの強度か，といった何らかの数値化である。介入前の行動の測定結果を**ベースライン**と呼ぶ。
　なお，問題行動を減らしたい場合にベースラインを測定すると，まだ介入し

ていないのにその行動が減少することがある。これは，注目がその行動にとって好子であることを意味する。ベースラインの測定では，対象者（の行動）をじっと見つめることになる。問題行動を行わなくても十分に注目を得ることができたために，介入を行っていないのに問題行動が減少してしまうのである。ヒトの場合，注目は強力な生得性好子なので，うまく使えば行動の制御に有効だが，意識せずに望ましくない行動を強化，維持している場合もある。

4-2 行動への介入

臨床場面で求められるのは，簡単にまとめると「望ましい行動の増加・望ましくない行動の減少（消去）」である。ある行動を増やしたいときには，その行動が生じたときに好子を与え，減らしたいときには与えないことが基本となる。ただし，たんに望ましくない行動を減らすと，他の似たような望ましくない行動が代わりに出現することが多い。授業時の立ち歩きをなくすと，立ち歩きはしないが，隣の子に話しかけて邪魔をするようになるといったケースがそれにあたる。こうしたことを防ぐには，望ましくない（減らしたい）行動と同時にできないような望ましい行動を先に，もしくは望ましくない行動の減少と同時に増やす処置をとることである。

ここでは，育児などでも使える望ましくない行動を減らすための適用範囲の広い手続きの概要を紹介する（ウィッタム，中田監訳 2002）。

まず，前提として，対象の望ましくない行動を明確にする必要がある。対象の行動は一つである必要はないが，多すぎると状態の把握が難しくなる。もちろん死人テストにパスする必要がある。それとともに，選んだ望ましくない行動と同時にできない望ましい行動をいくつか選ぶ。小学生以上ならば，子どもと話し合って決めてもよい。その上で，選んだ望ましくない行動と望ましい行動のベースラインを測定する。

次に，望ましい行動を増やすことに取り組む。用いる好子は「褒める」だけでもよいが，ルールや約束が理解できる年齢の子どもならば，トークンを用いてもよい。望ましい行動 1 回につき 1 ポイント獲得でき，5 ポイント貯めると

TVゲームが30分できるといった方法が考えられる。

　望ましい行動が増えてきたら，望ましくない行動を減らしていく。その方法とは，望ましくない行動を無視することである。それまで，望ましくない行動，たとえば駄々コネ，に対して要求をかなえてしまっていた場合は，「要求がかなう」ことが望ましくない行動を強化している。望ましくない行動に対して「叱る」「注意する」といった対応をしていた場合にも，「叱る」「注意する」ことに付随する「注目」が好子となり，望ましくない行動を強化していた可能性がある。したがって，「無視」によって，望ましくない行動をしても何も起こらないという状況を作る。これは消去の手続きである。なお，多くの場合，無視（消去の手続き）を始めると，当初は望ましくない行動がベースラインよりも増加する**バースト**と呼ばれる現象が生じる。バーストは，それまでの望ましくない行動への対応（注目など）が好子として機能していたことを意味する。バーストに慌ててしまい，無視を止めて何らかの対応をしてしまうとますます望ましくない行動がひどくなることがあるので注意（と我慢）が必要である。

　注目が好子ではない問題行動は無視をしても減りにくい。そうした場合には，先にトークンを与えておき，問題行動に対してトークンを取り上げるという方法，つまり，好子消失による弱化，が有効なことがある。注目が好子ではない問題行動についても，望ましい行動による上書きは有効である。その場合「褒める」だけでは強化しにくいことが多いので，トークンや生得性好子を用いる方がよい。

　他者（ときには自分）を傷つけるような行動に関しては，できるだけ早くなくしたいので，無視による消去を待つ余裕がないことが多い。そのため，そうした行動に関しては，**タイムアウト**の手続きをとることがある。タイムアウトとは，問題行動が生じた際に，親や教師から「タイムアウト」を通告されると，一定時間部屋の隅の椅子に座って壁に向かってじっとするとか，一定時間静かな刺激の少ない他の部屋に行く，といった手続きである。

　タイムアウトの目的は罰（嫌子出現）ではない。人を傷つけるような行動もその直後の何らかの好子の出現——非難や叱責を含む周りの人の注目，被害者

表 2-3 道具的条件づけの原理にもとづいた対象行動の修正

	方法	原理
望ましい行動	褒める・トークンを与える	好子出現による強化
望ましくない行動	無視・トークンを取り上げる	消去・好子消失による弱化
許されない行動	タイムアウト	（強制的な）消去

（注）望ましい行動を対象とした「褒める」，望ましくない行動を対象とした「無視」が有効なのは対象行動の好子が注目の場合．対象行動の好子が注目ではない場合にはトークンや生得性好子を用いる必要がある．

の泣くなどの反応，自身の興奮など——によって強化されていると考えられる．そのため，タイムアウトによって行動をしても何も起こらない，つまり，好子が出現しない状態を作り，その行動を消去するのである．消去が目的なので，タイムアウトは数分程度で十分である．タイムアウトによる消去は多くの問題行動に有効だが，運用の難しさを考えると対象範囲は他者（あるいは自分）を傷つけるような行動に限り，また，実施に関しては専門家の指導の下に行うことが望ましい．望ましい行動，望ましくない行動，許されない行動の増減とその方法を道具的条件づけの原理にもとづいて整理すると，表 2-3 のようになる．

4-3 罰（嫌子出現による弱化）

　罰を与えることは嫌子出現による弱化の手続きである．しかし，特別な場合を除き，罰は用いるべきではない．罰には弱化の効果以上に多くのデメリットがある．そもそも罰（と思われていること）が対象者への注目という好子として機能している場合があり，その場合，逆に対象行動を強化してしまう．何が報酬（好子）で何が罰（嫌子）かは，対象者や状況によって違う可能性があるので注意が必要である．

　罰による弱化のためには，行動のたびに必ず与える必要がある．また，最初は弱い罰から始め，次第に強くしていくと「どこまで許容されるか」を試す形になり，行動の持続や拡大を招く可能性がある．そのため，最初から最大強度で与える必要がある．さらに，罰が与えられないことがある（たとえば，うまく罰を回避できる）と，「罰を受けるかもしれないという不安」という嫌子の消

失が生じ，逆に行動を強化してしまう（嫌子消失による強化）。また，教室で罰を用いると，罰を受けているのを見た他の子どもが他者への攻撃を観察学習する可能性がある。

他の問題として，罰，とくに体罰（暴力）は与える側に依存をもたらすということがある。多くの場合，暴力は，暴力をふるった者にとって相手が自分の思い通りになるという好子出現となり，暴力行為が強化され，エスカレートしていく。学校現場で体罰がなくならないのは，体罰を行う教師が体罰依存症ともいうべき状態に陥るためである。なお，依存症である以上，本人の気持ちや管理者の指導では止めることは難しく，治療的な処置が必要である。

罰を用いることが許されるのは他にまったく手段がなく，かつ，その行動をできるだけ早く止めなければ，その人自身の命にかかわる，もしくは，他の人を傷つけることが確実な場合に限られる。加えて，罰を与える人が罰に依存しないように監視と管理が必要である。なお，罰を与える行動が強化されやすいことについては，罰を与える人の性格や人間性とは無関係なので，この監視と管理はどんな人および状況においても必要である。

なお，他者に対して罰，すなわち嫌子出現による弱化を用いることは基本的に許されないが，自分自身の行動を修正するためには可能である。たとえば，漢字を間違えた場合，5回正しく書くという罰を課す**過剰修正法**と呼ばれる方法があり得る。自分自身に対する罰は行動と罰の関係が明らかであり，依存も起こりにくい。ただし，きちんと運用することは難しい。

> ❖考えてみよう
> まったくはじめて接する分野の勉強をすることを想像してみよう。たとえば，英語以外の外国語の学習などがそれにあたるだろう。道具的条件づけの原理を使って，この言語を勉強してみよう。まず，何をすればいいだろうか。つまり，増やすべき行動は何だろうか。たとえば，「毎日，その言語の学習用テキストを1章読む」というのはどうだろうか。もちろん，対象行動は死人テストにパスできなければならない。どのような強化子が適切だろうか。また，強化子がいつ出現するのが適切だろうか。実際に計画を立てて，対象の行動のベースラインを測り，介入を実行してみよう。

もっと深く，広く学びたい人への文献紹介

杉山 尚子（2005）．行動分析学入門――ヒトの行動の思いがけない理由―― 集英社新書
　☞本書は，スキナーによる行動随伴性を基本概念とする行動分析学に関する入門書である。本書は一般向けに書かれた新書であり，読みやすいが，基本概念や用語についてはしっかり説明されている。学習心理学のみならず，心理学を学ぶ人が最初に読むべき，そして必ず読むべき一冊である。

杉山 尚子・島宗 理・佐藤 方哉・マロット，R. W.・マロット，M. E.（1998）．行動分析学入門　産業図書
　☞本書は行動分析学に関するアメリカの教科書の日本語版である。行動後時間がたってからの好子出現の影響や，言語行動など，一般的な学習心理学の教科書ではあまり扱われない項目についてもきちんと説明されている。行動分析学をしっかり学びたい人はもちろん，すべての臨床家におすすめしたい。

引用文献

池田 智子（2009）．「古典的条件づけ」と「オペラント条件づけ」　無藤 隆・森 敏昭・池上 知子・福丸 由佳（編）　よくわかる心理学（pp. 52-53）　ミネルヴァ書房

佐竹 真次（2000）．発達障害児の言語獲得研究に関する近年の動向――学校教育における応用行動分析的実践研究の成果を中心に――　山形保健医療研究，3, 83-97.

杉山 尚子・島宗 理・佐藤 方哉・マロット，R. W.・マロット，M. E.（1998）．行動分析学入門　産業図書

ウィッタム，S.　中田 洋二郎（監訳）（2002）．読んで学べるADHDのペアレントトレーニング――むずかしい子にやさしい子育て――　明石書店

第3章　知識・概念の獲得と変容
——人はどのように世界を知るようになるのか

山縣　宏美

> 今，自分の周りにあるものを見てみよう。おそらく，視界に入るほとんどのものの名前を言うことができるだろう。また，目の前を歩く動物が（詳しい種類はわからなくても）「イヌ」だとわかったり，1+1は2だということがわかったりする。私たちはこのように様々な知識や概念を持っている。これらの知識や概念はどのように獲得したものなのだろうか。

1　知識・概念とは

1-1　知識の機能

知識とは，人が様々な経験を通して獲得する，何かについての情報（「リンゴは果物である」など），もしくは技能（自転車の運転ができる，など）である。このような知識は，私たちの頭の中に記憶として保存されている。そして，それらの知識は，数学の問題を解く際に，記憶していた公式を利用するように，様々な認知活動を行うときにはツールとして利用されるものになる。また，私たちは，新たな知識を獲得するときにも，すでに自分が持っている知識を利用しており，このような知識は**スキーマ**と呼ばれる。

スキーマとは，これまでの経験から構造化された一般的な知識のことであり，人が外界を認知する上で枠組みとして働くものである。たとえば，大学ではじめての講義を受けるとき，教室に入ってきて教卓の前に立った人を，あなたは

その人が知らない人であったとしても，教員だと思うだろう。それは，あなたが大学というのはどういうところで，講義とはどういうものであるか，という一般的な知識，つまり大学のスキーマを持っていて，大学では時間割に指定されている時間に，指定されている教室に行くと，そこに教員がやってきて講義を始めるということを知っているからである。

このようにスキーマは，ある事柄についての説明や，関連するものとの関係性についての情報などで成り立っており，このスキーマによって，私たちは物事を理解したり，予測したりするのである。

1-2　概念の構造

目の前を四本足の動物が歩いている。それを人は「イヌ」だと判断したり「ネコ」だと判断したりすることができる。これは，人が「イヌ」や「ネコ」といったカテゴリーに関する知識を持っているからである。このような，あるカテゴリーに関する知識を**概念**と呼ぶ。では，この「イヌ」や「ネコ」といった概念はどのように構成されているのだろうか。概念の構造については，以下のような考え方が提唱されている。

①定義的特性理論

この理論では，概念はその概念に含まれる事例の必要最低条件をみたす定義的特性の集合としてとらえられている。つまり，「三角形」という概念は，「三角形」を定義する特徴「三つの辺からなる図形」であるものの集合である，ということである。しかし，この考え方では，「イス」のように，形態的にも定まった形がなく，機能的にも「座ることができるもの」のように他のものでも可能な機能（たとえば「台」でも座ることができる）でしか説明できないものである場合，その概念に含まれるすべての事例に共通してみられる定義的特徴がないため，説明することができない。

②プロトタイプ理論

この理論では，概念はそこに含まれる様々な事例に共通する特徴，もしくは典型的な特徴をもつもの（**プロトタイプ**）を中心とし，そのまわりに家族的類

似性(家族のように,まったく同じではないが,一部が似ている)に従って構成されていると考える。ロッシュ(Rosch, 1975)は,大学生を対象に,果物や家具などについての典型性評価を行った。その結果,オレンジやリンゴやバナナは果物の典型例らしいとされたが,一方でプルーンやパッションフルーツやココナッツはあまり典型的ではないと評価されていた。このように,ある概念について聞かれたときに,すぐに頭に浮かぶ事例(プロトタイプ)とそうでない事例があり,その概念に所属するものであるかどうかは,プロトタイプとの類似性によって判断されているという考え方である。

③理論ベースの概念理論

しかし,概念は必ずしも類似性だけで説明できるわけではない。マーフィーとメディン(Murphy & Medin, 1985)は,概念は世界に関する様々な理論として存在しているという考え方を提唱した。ここでいう「理論」とは,その概念にかかわるものの因果関係などの関係性を説明するものである。たとえば「体によい」ことは何かと聞かれたときに浮かぶ「適度な運動をする」「栄養価の高い食べ物を食べる」「睡眠を十分とる」などといった事例はすべて「病気を防ぐ」ことと因果関係のあるものと説明することができる。

2 素朴概念——子どもの持つ概念

2-1 発達の初期から獲得している素朴概念

では,このような概念を人はいつから持っているのだろうか。スペルキ他(Spelke, Breinlinger, Macomber, & Jacobson, 1992)は,乳児が物体のふるまいに関する素朴な物理学的知識を持っていることを明らかにした(図3-1参照)。実験条件では,乳児はまずこの馴化刺激(遮蔽物の背後で黒いボールが上から下に移動した後,遮蔽物が取り除かれる)に馴化した(何度も繰り返し見ることによってその刺激に慣れた)後,無矛盾刺激,矛盾刺激を提示された(**馴化・脱馴化法**:第9章参照)。その結果,無矛盾刺激と比べて,矛盾刺激の方をより長く注視する(馴化刺激とは違うものであると認識する)ことが明らかになった。つま

第Ⅰ部　学習心理学

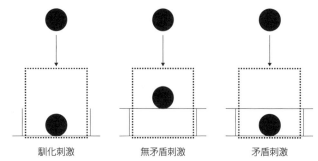

　　　　馴化刺激　　　　　無矛盾刺激　　　　　矛盾刺激
図 3-1　スペルキ他（Spelke et al., 1992）で使用された刺激の例
（注）点線は遮蔽物の位置。
　　無矛盾刺激は上から落ちてきたボールが板の上で止まるという物
　　理的法則に矛盾しない刺激であり，矛盾刺激は上から落ちてきた
　　ボールが板を通り抜けてしまうという物理的法則に矛盾する刺激
　　である。
（出所）Spelke et al.（1992）

り，乳児はボールが板を通り抜ける事象に対してより興味を示しており，そこから，ボールが板を通り抜けるということが固体性の法則から考えて「起こりえない」ことである，ということを理解しているということがいえる。

　このような研究から，乳児は，連続性（物は連続した道筋をたどって移動する），固体性（物体は独自の空間を占め，同じ場所を二つの物体が同時に重複して占めることはない），境界性（空間的，時間的に出会うことがなければ，二つの物体は独立に動く），重力（支えがなければ，物は下に落下する），慣性（障害物がなければ，物は突然その動きを変えることはない）といった物理的法則を理解していることがわかった。それによって，乳児は，目の前を転がるボールが衝立の裏を通って見えなくなっても，反対側から出てきたボールが先ほどのものであることがわかるのだ。このような知識は，外界で起きている事柄についての解釈の幅を制限する**制約**として機能し，人がスムーズに外界を認知するための基盤になっている。

　同様に，数の概念についても，乳児は4か月ごろから，3個以下の異なる集合（たとえば2個 vs. 3個）を知覚的に弁別することができるという（Starkey & Cooper, 1980）。幼児期に入ると，数詞を順序どおりに唱える「**数唱**」が行える

48

ようになる。具体的には、3歳ごろまでに20以下の数についての数唱がほぼ可能になり、8歳で100以上の数唱が可能になる（栗山, 1995）。それにしたがって、「計数」（数を数えること）の能力も発達し、「物がいくつあるのか」という具体的な数理解が可能になる。計数を行うには、1対1対応の原理（一つのものに一つの数詞を割り当てる）、安定した順序の原理（数詞の順序はつねに同じ）、基数性の原理（最後に唱えた数詞が数えた対象の数を表す）、順序無関連の原理（数える順番は関係ない）、抽象性の原理（数える対象が何でも適用される原理は同じ）の理解が必要であるが、3〜5歳の間に、多くの子どもがこれらの原理を理解するようになるという（Gelman & Gallistel, 1978）。

このように人は発達のかなり初期の段階から、自分をとりまく様々なものについての知識を持っている。学校で学習する以前から子どもが自然と身につけている知識や概念のことを**素朴概念**という。

2-2 誤概念としての素朴概念

しかし、素朴概念は正しいものであるとは限らない。ヴォスニアドウとブレワー（Vosniadou & Brewer, 1992）は、子どもの持つ地球の形のメンタルモデルについて調査を行っている。子どもたちは、普段、「地面は平らである」ということを観察しているため、「地球は平面的な形をしている」という誤った概念を持っていることがある。そこで科学的な情報として「地球は丸い」という情報に接しても、子どもたちは既存の誤った素朴概念との矛盾を正しく解消することができないため、地球は内部が空洞になっており、その中に人が住んでいると考えたり、地球はミカンのような形になっていて、球形が多少つぶれて平らになっているところの上に人が住んでいると考えたりすることが報告されている（図3-2参照）。このように、子どもは日常生活の中で、様々な現象を観察したり、体験したりして、経験的な知識を増やしていく。しかし、そのような知識は、経験的に獲得されたものであるため、科学的には間違っていることも多い。

また、そのような誤った概念は、学校で体系的な学習を一通り終えた大人に

第Ⅰ部　学習心理学

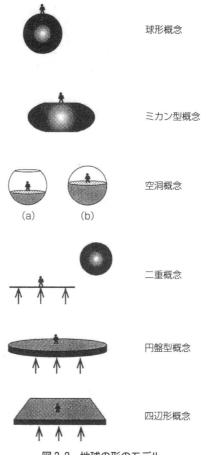

図 3-2　地球の形のモデル
（出所）Vosniadou（1994）

なっても根強く見られる。マクロスキー他（McCloskey, Washburm, & Felch, 1983）は，工学部の大学生に対して，ボールを持った人が歩きながらそれを手放したとき，そのボールがどのような軌跡をたどるかを質問した。その結果，実際はボールは手放した地点より前に落ちるというのが正解であるにもかかわらず，多くの大学生は手放した地点の真下に落ちると誤って解答していた。これは，普段私たちが静止したままボールを落とし，それが真下に落ちる経験を

していること，また歩きながらボールを落とした場合であっても，ボール自体は落とした地点より進行方向に進んだ地点に落ちているが，自分自身も移動しているため，落ちた地点は自分の真下になっている，といった経験が影響していると考えられる。

　子どもたちの誤概念は，必ずしも経験したことから直接的に作られるとは限らない。たとえば，物理的対象に対して，誤った直感的な論理を適用した推論を行うことによって，生成されてしまう場合もある。ディセッサ（diSessa, 1993）は，人は物理学的な現象に対して，経験し観察したことから抽象化した「**現象学的原理**（phenomenological primitives；p-prims）」と呼ばれる断片的な知識の要素を持っており，それが不適切な場面で使用される場合に，誤概念の原因となると主張している。たとえば，「衰退」と呼ばれる現象学的原理は，「すべての運動は次第に衰退する」というもので，テーブルの上を転がっているボールもやがて（摩擦の力で）止まってしまうように，日常生活の現象はそれで説明できることが多い。しかし，その説明は，物体は力の作用を受けない限り，静止の状態，あるいは等速直線運動を続けるというニュートン力学とは反したものになってしまう。

　チ他（Chi, Slotta, & De Leeuw, 1994）は，世の中に存在するものは，「物質（matter）」（生物・固体・液体など重さや体積を持つもの）や「プロセス（process）」（手続き・出来事・自然現象・人工現象など時間経過を伴う事象）といった存在論的カテゴリーに分けることができ，その際に，間違った**存在論的カテゴリー**に事象をあてはめてしまうことから，誤概念が生じることがあるとしている。たとえば，マゼンスとロートレー（Mazens & Lautrey, 2003）およびロートレーとマゼンス（Lautrey & Mazens, 2004）は，幼児が音や熱といった，物質ではなくプロセスという存在論的カテゴリーに所属するものに対しても，物質の属性を適用してしまい，音が（物質として）ドアを通り抜けないから，音が聞こえなくなると考えたり，音にも重さがあると考えたりすることがあるということを明らかにしている。

3 知識・概念の獲得・変容過程

3-1 知識・概念の獲得

知識・概念の獲得には「豊富化」と「再構造化」の二つの形態があると考えられる（Carey & Spelke, 1994）。新しく獲得する知識・概念について，子どもたちが，まったく知識・概念を持っていない場合，あるいは多少の知識・概念を持っているが不完全なものであるという場合には，教授された知識が既存のものに付け加えられるという「豊富化（累加）」が起こると考えられる。一方，何らかの知識・概念を持っているが，それが誤ったものであるという場合，その知識・概念は正しいものに変容するという過程をたどらなければならない。この過程は「再構造化（**概念変化**）」と呼ばれる。

3-2 知識・概念の変容

知識・概念の変化（再構造化）はどのように起こるのか。これは，認知発達にしたがって起きる自発的な概念変化と，学校などでの体系的な学習によって起きる教授にもとづく概念変化の二つに分けることができる。
①自発的な概念変化

波多野と稲垣は一連の研究（レビューとして稲垣・波多野，2005）によって，就学前の子どもが生物に関して素朴な知識を持っていることを明らかにしている。それは，第一に生物と無生物の区別についての知識，第二に生物の属性や行動に対して首尾一貫したもっともらしい予測を生み出すことのできる推論の様式，第三に個体の生存や繁殖に必要な身体過程，行動，特性に対する非意図的な因果的説明の枠組み，である（稲垣，2011）。

第一の生物と無生物の違いについては，子どもは，少なくとも5歳の幼児でも，生物である動物と植物の共通点として「食べ物／水をとる」「成長して大きくなる」という特徴があることを理解し，無生物と区別している（Inagaki & Hatano, 1996）。

また，第二の生物の属性や行動に対しての推論形式については，稲垣・波多野（Inagaki & Hatano, 1987）では，5～6歳の幼児がチューリップやウサギに対して擬人化にもとづく類推を行い，ぐったりしているチューリップを休ませてあげると元気になる，というような回答を行っていた。つまり，幼児は人間についての知識を用いて，他のよく知らない生物の行動や属性を類推しているのである。しかし，10歳くらいになると，人間との類推によらない，生物のカテゴリーによる推論が行われるようになる。

　第三の生物に関する因果的説明としては，3種類の説明があり，①意図的因果説明（本人の意思や努力が原因で結果としてある現象が引き起こされるという考え方），②生気論的因果説明（体内の臓器に行為主体的性格を与え，その臓器のエネルギーや力によって現象が引き起こされるという考え方），③機械的因果説明（物質の生成や交換などを可能にする生理学的メカニズムが媒介となって，現象が引き起こされるという考え方）の三つである。たとえば，「息をして空気を吸い込むのはどうして」という質問に対し，「私たちが，さっぱりしたいい気持ちになりたいため」と答えるのが意図的因果説明であり，「胸の所が吸い込んだ空気から元気が出る力をとりいれるため」と答えるのが生気論的因果説明であり，「肺で酸素をとり入れ，いらなくなった炭酸ガスととりかえるため」と答えるのが機械的因果説明である。幼児は身体現象に対して「生気論的因果」による説明を行うことが多い（Inagaki & Hatano, 1993）。これも年齢とともに，生気論的因果による説明は減少し，機械的因果による説明が増えてくる。

　このような自発的な概念変化はどのように起こるのか。稲垣（2011）は，まず，その領域に関する知識をある程度豊富に持っていることが前提になるとしている。そこに新しい情報が入ってきたとき，既存のシステムと整合しない場合があり，その首尾一貫性を取り戻そうとする試みの結果として概念変化が起こる。このような変化は，徐々に時間をかけながら行われる，無自覚な変化であるという。

②教授にもとづく概念変化

　一方，学校での体系的な教育による概念変化はどのように起こるのだろうか。

子どもが学習内容に対して誤概念を持っている場合，新たに学習する内容は，子どもにとっては自分が思っていることとは異なり，矛盾する情報となる。前述の地球の形の概念のように，子どもがすでに持っている知識・概念を考慮せず，たんに「地球は丸い」といったような科学的知識を教授しても，子どもはその矛盾を解消できず，誤った関連づけを行うことで，また新たな誤概念を作り出してしまうこともある。

また，子どもは自身の持つ誤った素朴概念と正しい科学的概念を矛盾したまま共存させていることもある。チンとサマラプングヴァン（Chinn & Samarapungavan, 2001）は，生徒が学習時に，「信じていること」と「理解していること」という二つの概念を構成していて，この二つは乖離している場合もあることを指摘している。このように，子どもは誤概念（「信じていること」）が残ったまま，授業で習った科学的概念（「理解していること」）を表面的に受け入れ，問題を解いたりする際には，誤概念の方を使って解答したりすることがある。

したがって，子どもが持っている誤概念に対して，その反証例となるような情報を提示することで「**認知的葛藤**（cognitive conflict）」を引き起こし，それにより概念変化を促進しようとする方略は必ずしも有効ではない。概念変化に必要なのは，まずは，自分の持つ素朴概念と新しく学習する内容に矛盾があることに気づくことである。そもそもその矛盾に気づかなければ，認知的葛藤も起こらず，前述のように誤概念と新情報が矛盾したまま共存してしまう可能性がある。そして次に，矛盾に気づいたとしてもその矛盾を解消するための知識を持っていなければ，新しい情報を自分の知識の中に組み込むことができない。たとえば，地球の形の概念についてであれば，地面が平らに見えることと地球が丸いということの矛盾を解消するためには，地球は丸いはずなのに，どうして平らに見えるのか，地球が丸いというのが正しいのならば，どうしてその表面にいる私たちが「下」（地面方向ではなく，地球を横から見た場合の下）に落ちないのか，といった知識を教授することが必要となる（中島，1995）。

このように，人の学習には，もともと持っている知識・概念が大きく影響を

第3章　知識・概念の獲得と変容

> ☕ **コラム　知識や知識獲得についての知識（認識論的信念）**
>
> 　人は知識の性質や知識を獲得することについて様々な知識を持っている。このような知識を認識論的信念（epistemological belief）と言う。ペリー（Perry, 1968）は大学生の認識論的信念について調査を行い，「知識は単純で確かなものであり，権威によって伝えられる」という信念が在学中に「知識は複雑で曖昧なものであり，推論に由来するものである」と変わることを明らかにした。つまり，知識とは，辞書などに定められている決まりきった真実なのではなく，昔は地球は動かないものと信じられていたが，それが後に誤りであったことがわかったように，必ずしも正しいかどうかはわからない，複雑なものだというイメージに変わる，ということである。
>
> 　スコーマー（Schommer, 1990）は，認識論的信念の構成要素を四つに分類し，「知識を単純なものであると思っているかどうか」，「知識を確かなものであると思っているかどうか」，といった知識の性質にかかわる要素と，「知識は素早く獲得することができると思っているかどうか」，「自分の能力は固定していて変わらないと思っているかどうか」といった知識の獲得方法（学習観）にかかわる要素に分類できることを明らかにした。このような認識論的信念は，人の学習活動にも大きな影響を及ぼすことがわかっている。
>
> 　キアンとアルバーマン（Qian & Alvermann, 1995）は，「学習は素早くできる」（時間をかける必要はない）という信念を持っている場合や，「知識とは確立していて変化しないものだ」という信念を持っている場合には，概念変化が阻害される場合があることを明らかにしている。これは，このような信念が，情報の過度な簡略化や貧弱な理解モニタリングといった学習方略につながり，学習活動に負の影響を与えるからだと考えられる。より洗練された認識論的信念の獲得には，学習環境が大きく影響すると言われている（Smith, Maclin, Houghton, & Hennessey, 2000）。彼らの研究では，小集団の実験作業のある授業を行ったクラスと，クラス全体でのディスカッションのある授業を行ったクラスで，認識論的信念のレベルが高くなっており，このような科学的探求活動や，科学的談話に参加することが，より洗練された認識論的知識の獲得に影響すると考えられる。

及ぼす。子どもたちに何かを教える際には，子どもが事前にどのような概念を持っているかをまず考慮し，それに対応した教え方を考えなければいけない。

> ❖**考えてみよう**
> 　小学校低学年で，最初に割り算を習う。そのとき，3÷0のように0で割る計算はできないと教わる。そもそも割り算とは何だろうか（割り算の定義）。6本の鉛筆を3人で均等に分ける場合，6÷3＝2で一人あたり2本である。これは割り算のやり方であって，定義ではない。割り算において0で割ってはいけない理由について，小学校3年生の子どもに教えるつもりでその理由を考えてみよう。その際，割り算や0とは何なのかを考えてみよう。

もっと深く，広く学びたい人への文献紹介

稲垣 佳世子・波多野 誼余夫（1989）．人はいかに学ぶか——日常的認知の世界—— 中公新書
　☞人の学習を動機づける知的好奇心や，日常の学習場面で能動的に学習を行う人の有能性について書かれた名著．

湯澤 正道・稲垣 佳世子（編）(2011)．特集：概念変化研究　心理学評論，54(3)．
　☞本書は書籍ではなく雑誌（論文集）であるが，概念変化研究について，生物学，数学，天文学，心の理論など様々な領域や，様々なアプローチの概念変化研究について知ることができる．

引用文献

Carey, S., & Spelke, E. (1994). Domain-specific knowledge and conceptual change. In L. A. Hirschfeld & S. A. Gelman (Eds.), *Mapping the mind: Domain specificity in cognition and culture* (pp. 169-200). Cambridge; New York: Cambridge University Press.

Chi, M. T. H., Slotta, J. D., & De Leeuw, N. (1994). From things to processes: A theory of conceptual change for learning science concepts. *Learning and Instruction, 4*, 27-43.

Chinn, C. A., & Samarapungavan, A. (2001). Distinguish between understanding and belief. *Theory into Practice, 40*, 235-241.

diSessa, A. A. (1993). Toward an epistemology of physics. *Cognition & Instruction, 10*, 105-225.

Gelman, R., & Gallistel, C. R. (1978). *The child's understanding of number*. Cambridge, Mass.: Harvard University Press.

稲垣 佳世子（2011）．生物学の領域における概念変化　心理学評論，54, 232-248.

Inagaki, K., & Hatano, G. (1987). Young children's spontaneous personification as analogy. *Child Development, 58*, 1013-1020.

Inagaki, K., & Hatano, G. (1993). Young children's understanding of mind-body distinction. *Child Development, 64*, 1534-1549.

Inagaki, K., & Hatano, G. (1996). Young children's recognition of commonalities between animals and plants. *Child Development, 67*, 2823-2840.

稲垣 佳世子・波多野 誼余夫（著・監訳）(2005)．子どもの概念発達と変化——素朴生物学をめぐって——　共立出版

栗山 和広（1995）．数概念　吉田 甫・多鹿 秀継（編著）　認知心理学からみた

数の理解（pp. 11-32） 北大路書房

Lautrey, J., & Mazens, K. (2004). Is children's naive knowledge consist? A comparison of the concepts of sound and heat. *Learning and Instruction, 14,* 399-423.

Mazens, K., & Lautrey, J. (2003). Conceptual change in physics: Children's naive representations of sound. *Cognitive Development, 18,* 159-176.

McCloskey, M., Washburm, A., & Felch, L. (1983). Intuitive physics: The straight-down belief and its origin. *Journal of Experimental Psychology: Learning, Memory, and Cognition, 9,* 636-649.

Murphy, G. L., & Medin, D. L. (1985). The role of theories in conceptual coherence. *Psychological Review, 92,* 289-316.

中島 伸子（1995）.「観察によって得た知識」と「科学的情報から得た知識」をいかに関連づけるか――地球の形の概念の場合―― 教育心理学研究, *43,* 113-124.

Perry, W. G. (1968). *Patterns of development in thought and values of students in a liberal arts college: A validation of a scheme.* Cambridge, MA: Bureau of Study Counsel, Harvard University.

Qian, G., & Alvermann, D. (1995). Role of epistemological beliefs and learned helplessness in secondary school students' learning science concepts from text. *Journal of Educational Psychology, 87,* 87-100.

Rosch, E. (1975). Cognitive representations of semantic categories. *Journal of Experimental Psychology: General, 104,* 192-233.

Schommer, M. (1990). Effects of beliefs about the nature of knowledge on comprehension. *Journal of Educational Psychology, 82,* 498-504.

Smith, C. L., Maclin, D., Houghton, C., & Hennessey, M. G. (2000). Sixth-grade students' epistemologies of science: The impact of school science experiences on epistemological development. *Cognition & Instruction, 18,* 349-422.

Spelke, E. S., Breinlinger, K., Macomber, J., & Jacobson, K. (1992). Origins of knowledge. *Psychological Review, 99,* 605-632.

Starkey, P., & Cooper, R. S. (1980). Perception of numbers by human infants. *Science, 210,* 1033-1035.

Vosniadou, S. (1994). Capturing and modeling the process of conceptual change. *Learning and Instruction, 4,* 45-69.

Vosniadou, S., & Brewer, W. F. (1992). Mental models of the earth: A study of conceptual change in childhood. *Cognitive Psychology, 24,* 535-585.

第4章　学習と問題解決
——日々の経験から何を学ぶのか

遠山紗矢香

> 　自宅から出張先までもっとも少ない出費で移動するための方法を考えるなど，私たちは様々な問題を解決しながら過ごしている。問題に遭遇したとき，私たちはその問題に対して有効だと思われる方法を試すことで問題を解決しようとする。様々な問題解決を通じて知識や経験を蓄積していくことで，学習が起こる。学習の中でも，ある問題解決を通じて得られた知識や経験をほかの問題解決場面で適用することは転移と呼ばれる。本章では，未来の学習のための準備としての転移を中心に紹介する。

1　問題解決とは

1-1　問題解決の主体や形態と問題のバリエーション

　みなさんは**問題解決**という言葉を聞いたとき，どのような場面を思い浮かべるだろうか。学校で算数のテスト問題を解いている場面，出張先から自宅までもっとも少ない出費で辿り着く道筋を考えている場面などは問題解決の一例である。こうした個人で行う問題解決と並んで，あるサークルに所属しているメンバーが大学祭でどのような出し物をするのか話し合ったり，住んでいる地域をより暮らしやすくしていくために地域内の代表者が集まって話し合ったりする，**協調的な問題解決**も存在する。

　近年では，私たちの身近な問題の解決を行う主体が人ではなく**人工知能（AI）**であることも増えてきた。たとえば，人工知能がチェスや囲碁等のゲー

ムに勝つために行っている計算も，問題解決の一つと言える。人工知能が台頭することで，未来の人の仕事は現代のものとは異なっていくであろうことも予想されている（Frey & Osborne, 2017）。

　心理学に焦点化した場合，問題解決とは，それぞれの問題がもつ**制約**の下で**初期状態**から出発し**目標状態**へ至ることととらえられる。また，初期状態から目標状態までの間を移動するための手続きは**操作子**と呼ばれる。この考え方は人工知能研究にも携わっていたニューウェルとサイモン（Newell & Simon, 1963）によって整理されたものである。人の問題解決方法を整理しようとしている本章において，人工知能の話がこれほど登場することは意外に思われるかもしれない。しかし，人と人工知能の比較は，人がいかに優れた問題解決を行っているのかを理解しやすくしてくれる。

　私たちや人工知能が解決している問題にはどのようなバリエーションがあるのかを考えてみたい。たとえば，自宅から出張先までもっとも少ない出費で辿り着く道筋を探索するとき，私たちは経路ごとに必要な金額を調べたり，使用したい交通機関の経路情報や運行状況を調べたりする。こうした方法を採れば，ほとんどの場合で最適な経路がどれかわかる。調べ方を工夫すれば，より速く正確に最適な経路を見出すこともできるだろう。このように，初期状態（自宅）と目標状態（出張先）がはっきりしており，初期状態から目標状態へ到達するための手続き（操作子）が存在する問題のことを**良定義問題**と呼ぶ。良定義問題の場合，問題が解決するとは「初期状態から目標状態まで移動できた」ことであり，移動するために必要となる手続き（操作子）が決定される。

　一方で，初期状態・目標状態・操作子のうちどれか一つでも不明瞭だったり，定義されていなかったりする問題は**悪定義問題**と呼ばれる。たとえば，住んでいる地域をより暮らしやすくしよう，ということになったとき，ある人は自分たちの地域の治安があまり好ましくないと考え（初期状態），治安をよくする（目標状態）ために，街灯を増やす（操作子）かもしれない。しかし，治安のよしあしの印象は住民によって異なるかもしれないし，街灯を増やしても治安がよくならないかもしれない。少なくとも，どのような事件がどのくらい起こ

っているのかが未知の状態では，どのような手段がその地域の治安をよくするために有効なのかはわからないため，このような問題は悪定義問題だと言える。

1-2 問題の解き方と解きやすさ

良定義問題のように，しかるべき手続きをとることで問題を解決することができる場合に，問題解決の手続きを客観的に書きだしたものを**アルゴリズム**と呼ぶ。ある問題を解決するためのアルゴリズムが定められていれば，問題を解決する主体が人であれ人工知能であれ，問題を解くことができる。一方で，悪定義問題の場合にはアルゴリズムは存在しない。したがって，人工知能に問題の解き方を教え，処理させることで解を得るというアプローチは成立しない。

一方で，私たちは日常生活の中で，なんとなくうまくいきそうな方法を見つけてそれを試すことがしばしばある。その方法は成功することもあれば，失敗することもある。このような問題解決の方法を**ヒューリスティクス**と呼ぶ。ヒューリスティクスとは，問題が解決することは保証されないものの，問題解決を前進させる可能性があるような解決方法である。

アルゴリズムを適用することによって解決できる問題の例として古くから知られているのは**ハノイの塔**問題である。ハノイの塔問題は，3本のうち一番左の軸に重ねて挿してあるディスクの山（初期状態）を，一番右の軸へ移動させる（目標状態）という問題である（図4-1）。この問題を解決するために，ディスクを移動させるという手続き（操作子）を行う。ただし，問題解決には(1)一度に動かせるディスクは1枚である，(2)小さなディスクの上にそのディスクよりも大きなディスクを重ねて置くことはできない，という制約に従わなければならない。図4-1の場合，初期状態から目標状態へ至るまでにディスクを移動

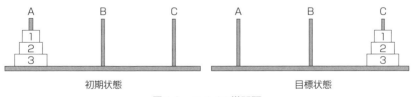

図4-1 ハノイの塔問題

第Ⅰ部　学習心理学

させる回数は全部で7回である。では，ディスクが7枚になったときは，操作は全部で何回になるだろうか。それぞれ異なる大きさの厚紙を7枚用意し，図のように厚紙を置く場所を一列に3か所設ければ手軽に実験できるので，みなさんも試してみてほしい。

　問題を説明されたときには，簡単だと思われたかもしれない。しかし，実際に試してみると途中で意図せずルール違反を犯してしまうことも少なくない。

　ノーマン（Norman, 1993　佐伯監訳 1996）は，こうしたルール違反を回避するためには，問題解決で用いる道具を使ってルールを表現することが有効であることを主張した。その具体例がコーヒーカップパズルである（図4-2）。コーヒーカップパズルでは，ソーサーにのせられたカップを，テーブル表面に触れさせることなく大きさ順に並べ替えるパズルである。ただし，(1)一度に移動できるカップは一つである，(2)大きなカップの上にそのカップよりも小さなカップを重ねて置くことはできない，という制約に従わなければならない。カップには本物のコーヒーが入っているためこぼさないように作業する必要がある。ソーサーはカップを一つしか置くことができない大きさである。七つのカップで問題を解く場合，7枚ディスクのハノイの塔と比べてどちらが解きやすいだろうか。

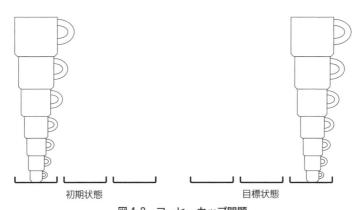

図4-2　コーヒーカップ問題

（出所）Norman（1993 佐伯監訳 1996）をもとに筆者作成

第4章　学習と問題解決

解いてみると，コーヒーカップパズルは大小関係を逆にしたハノイの塔問題と同じような方法で解ける**同型問題**であることに気づかれるだろう。ただし，コーヒーカップパズルの方がハノイの塔問題よりも解きやすく感じられたのではないだろうか。その理由は，制約を可視化する，つまり物理的な**制約**を設けることによって私たちが問題解決そのものへ注意を集中できるからだと考えられる。コーヒーカップパズルの場合，問題を解く人が意識しなければならない制約は(1)のみになる。(2)は，カップの中に本物のコーヒーが入っているという物理的制約のおかげで私たちがルール違反を犯すことを妨げてくれているのだ。頭の中に覚えておかなければならないルールが少ないほど問題は解きやすくなるため，コーヒーカップパズルの方が解きやすく感じられたのだ。このように，たとえ同型問題であっても，物理的制約を活用することによって問題の解きやすさは変化するのである。

1-3　経験や文脈のはたらき

　問題の出し方によって解きやすさが異なる例をもう一つ見てみよう。ここではウェイソン（Wason, 1968）による「**4枚カード問題**」を紹介したい。図4-3のように4枚のカードが片面だけ見えるように並べられており，片面にはアルファベット，もう片面には数字が書かれているとする。このとき，「片面に母音が書いてあるならば，そのカードのもう片面には偶数が書かれている」という規則が守られているかを調べたい。最小枚数をめくってこのことを確認するにはどのカードをめくればよいだろうか。

　ウェイソンの研究によれば，「Eと4をめくる」と誤って答える人が全体の半分以上を占めたという。一方で「Eと7をめくる」と正しく答えられる確率

図4-3　4枚カード問題

は10％程度だという（Johnson-Laird & Wason, 1970）。このことは，私たちはルールが守られているかを確認することは容易だが，ルールに違反しているかを確認するのが困難であることを示している。では，なぜ困難かといえば，ルール違反を確認するには「母音ならば偶数である」だけでなく「偶数ではないならば母音ではない」事象を確認しなければならないからである。

　Xを母音，Yを偶数と置いたとき，「母音ならば偶数である」という事象は「X→Y」（「→」は「ならば」を表す）という**論理式**で示すことができる。一方で，「Xでない場合」についてはどんな式に書き換えられるかといえば，式変形の決まりで「$\overline{Y}→\overline{X}$」（$\overline{X}$は「Xでない」ことを表す）となる。$\overline{Y}$は「偶数でない」，$\overline{X}$は「母音でない」ことから，「$\overline{Y}→\overline{X}$」という式は「偶数ではないならば母音ではない」という意味になる。「$\overline{Y}→\overline{X}$」は「X→Y」という式の**対偶**と呼ばれており，二つの式の真偽は同じ，つまり，「X→Y」が成立するときには「$\overline{Y}→\overline{X}$」も成立する。

　上記のような問題では，問題の論理構造を分析し，何を確認しなければならないかを論理的に**推論**する作業が求められる。このように，問題について理解し心の中でその問題を表現したもののことを，その問題の**表象**と呼ぶ。

　「Eと4をめくる」という誤答を導いたとき（筆者もはじめて解いたときにこの誤りを犯した），私たちの心の中ではどのようなことが起こっているのだろう。ウェイソン（Wason, 1966）は，**確証バイアス**によるものだと説明している。確証バイアスとは，仮説を支持する証拠ばかりを集める方向に思考が傾いてしまうことである。4枚カード問題で，確証バイアスによって問題文中に登場する事象「母音ならば偶数」を確認する方向に私たちの思考が傾いたならば，まずEをめくるだろう。次に，偶数が母音の裏にあるのかを確認するために，4をめくることになる。子音や奇数は問題文には関係ないのでEと7はめくらない。しかし，実際には偶数でない数，つまり奇数の裏に母音があってはいけないので，7をめくって確認する必要がある。

　それでは，以下に示す問題の解きやすさはどうだろうか。「あなたは勤務中の警察官です。あなたの仕事は，人々がある規則を守っているかどうかを確か

コラム　問題解決をさまたげるもの

　飲酒問題のように経験の蓄積が問題解決を促す例がある一方で，先行経験が問題解決を妨げる場合もある。表4-1に示した水瓶（みずがめ）問題（Luchins, 1942）はその一つである。大きさが異なる三つの水瓶A，B，Cを必要なだけ使って水の量を測りたい。三つの水瓶の大きさと測りたい水の量は毎回異なる。たとえば問1はA－3B（29－3×3＝20），問2はB－A－2C（127－21－2×3＝100）で目標の水の量を測り取ることができる。同様の手続きで問3以降も順に解いていただきたい。

表4-1　水瓶問題

	水瓶A	水瓶B	水瓶C	測りたい水の量
問1	29	3	—	20
問2	21	127	3	100
問3	14	163	25	99
問4	18	43	10	5
問5	9	42	6	21
問6	20	59	4	31
問7	23	49	3	20
問8	15	39	3	18
問9	28	76	3	25

（注）A，B，Cは水瓶を表す。表中の数値は水の量を表す。

　問9で突然問題が解けなくなったのではないだろうか。じつは，問2から問8まではB－A－2Cという式で問題が解ける。問9はB－A－2Cでは解けない。また，問5，問7，問8はB－A－2Cよりも簡単な方法で解くこともできる。少し視点を変えればすぐに解ける問題であるにもかかわらず，先行経験によって「構え」ができ，視点が固定されてしまう現象は**構え効果**と呼ばれている。構えができることは，人がものごとに特定の**パ**ターンを見出そうとする賢さの裏返しとも見ることができる。私たちはこうした特性を持っているのだと知った上で問題解決に取り組むことが，視点の固定化を避けるためには有効だろう。

めることです。あなたの前にあるカードには，テーブルにいる4人の人々についての情報が書かれます。カードの片面には人の年齢，もう片面にはその人が飲んでいるものが書かれています。規則は『もしある人がビールを飲んでいるならば，その人は20歳を超えていなければならない』というものです。人々が規則に違反しているかを確認するためにはどのカードをめくる必要があ

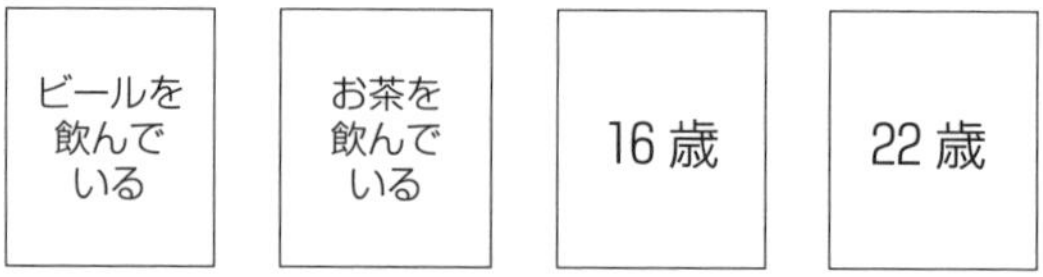

第Ⅰ部　学習心理学

図 4-4　飲酒問題
（出所）服部・高橋（1996）をもとに筆者作成

りますか。」カードは図 4-4 の通りである。

同型問題である 4 枚カード問題と比べて，飲酒問題のほうが解きやすく感じられたのではないだろうか。この解きやすさは，私たちの生活経験を推論の際に用いることができるためだと考える「**記憶手掛かり説**」（Griggs & Cox, 1982）で説明されることがある。さらに，飲酒問題では「20 歳を超えていなければならない」という義務の意味合いを含めたことや，「あなたは勤務中の警官である」という**文脈**を付けたことも解きやすさを高めたと考えられている（Pollard & Evans, 1987）。私たちが論理的な問題を解くときにも，文脈や，その問題を解くまでの経験—**先行経験**と呼ぶ—によって問題の正答率は左右されるのである。

2　問題解決による学習とその転移

2-1　問題解決の反復で得られるもの

問題解決の経験が蓄積されてくると，それ以降の問題解決の際に役立つことがある。リンゼイとノーマン（Lindsay & Norman, 1977）の曜日計算の例でこのことを考えてみたい。「火曜日＋水曜日＝金曜日」という式が成り立つとき，「月曜日＋木曜日」の答えは何だろうか。正解は「金曜日」である。月曜日を起点として 1 から順に番号を振ると，曜日が加算可能なものに変化するのだ。＋月曜ならば次の日，＋火曜ならば次の次の日といったように，私たちは何も言われなくても，これまでの人生で得てきた算数や曜日などに関する**既有知識**を使って推論を行い，この問題を解くことができる。

曜日計算を繰り返し行うと何が起こるのか。三宅・三宅（2014）によれば，

様々な曜日の組み合わせからなる曜日計算を72問解き続けた後に「m＋bは？」と問われると，人は「o」と答えることができるという[1]。これは，繰り返し同じような問題を解くことによって**スキーマ**が形成されたために，見た目が異なる問題に対しても先行経験を活かすことができた例だととらえられる。スキーマとは，私たちが先行経験の中から似たような特徴だけを抽出していき，後で様々な場面において再利用できるような形で**抽象化**された知識なのである。

　曜日計算は算数のテストに出ないし，一般的な仕事の場面でもお目にかかることはない。しかし，日本の外では曜日を数字で表記している国もある。たとえばリトアニアの店舗入り口では，月曜日をⅠ，日曜日をⅦとして各曜日の営業時間をそれぞれ示した表記が見られる。こうした表記法をはじめて見た場合，曜日計算の経験があれば，表記の意味を**推論**しやすいだろう（ⅥとⅦは開店時間が遅めに設定されている店舗が多いことも，これらの数字が曜日を示すものだという推論を手助けしている）。曜日計算の蓄積によってスキーマを形成することが，後で異なる問題を解く際に役立つのである。私たちは日々の問題解決経験を再利用できる形で蓄積し続けているのである。

2-2　学んだことを次の問題解決に活かす

　私たちがすでに学んだこと（**先行学習**）を新しい場面へと転用することは**学習の転移**と呼ばれている。一方で，学んだことを転移させることは容易ではないことも知られている。なぜならば，転移を実現するためには先行学習での問題固有の領域（**領域固有性**）を超えて考え方や解き方といった知識を学習者が持ち出す必要があるためである。たとえば入試問題ではじめて見る問題に戸惑って解けず，あとで解答例を見たら，自分が知っていることを組み合わせて使えば解けることに気づき，驚いたりがっかりしたりすることがある。解き方を暗記しただけの表面的なわかり方ではなく，問題の解き方の概念を理解すること，つまり**概念的な理解**を形成することが転移には求められる。先述したスキ

➡1　bはアルファベット順に数えて2番目の文字であることを用いると，m＋bの答えはmの二つ後の文字である「o」となる。

ーマも概念的な理解によって構成されたものととらえることができる。

転移の難しさは、近年注目を集めているプログラミング教育の前身といえるプログラミング言語「LOGO」(Papert, 1980) を用いた研究で示されている。1980年代のはじめごろ、プログラミングを通じて子どもたちの論理的思考力や創造性を育むことができ、そこで育成した能力はプログラミング以外の領域でも発揮できることが期待されていた。しかし、実際にプログラミングを学んだ子どもたちを対象に調査した結果、期待されたような転移は起こっていなかった (Pea & Kurland, 1984)。その後クラーとカーバー (Klahr & Carver, 1988) によって、子どもたちのプログラミングに対する理解度を引き上げるための教育が行われ、子どもたちのプログラミングの理解レベルによってプログラミング以外の問題へ学んだことを転移させられるかどうかが異なることが示された。ただし、転移前に行われた教育はプログラムの不具合を見つけて修正する方法であり、学んだことが転移したかを確かめるための**転移課題**は家具を配置したり空港を訪ねてまわったりする際の手続きを示した文章の中に不具合を見つけて修正するものだった。この研究において、プログラミングと日常生活という異なる文脈間で転移が起こったことは評価される点である。一方で、ここで転移した知的な営みを、論理的思考力や創造性が育成された成果だとみなしてよいかははなはだ疑問である。クラーとカーバーも、プログラミングで学習したことを転移させる研究を行ったと述べており、論理的思考力や創造性といった能力を育成するためだったとは述べていない。論理的思考力や創造性といった汎用的な能力を育てるためにプログラミングが有用かどうかについては現在も議論されているところである (遠山, 2017a)。

2-3 未来の学びのための準備をする

転移の考え方に立てば、私たちが学んだことは、多少形を変えながらいずれ役に立つのではないかと期待できる。上述のプログラミングの例は、学んだことを即座に用いるタイプの転移課題だったが、もっと長期スパンの転移があってもよいことになる。

第 4 章　学習と問題解決

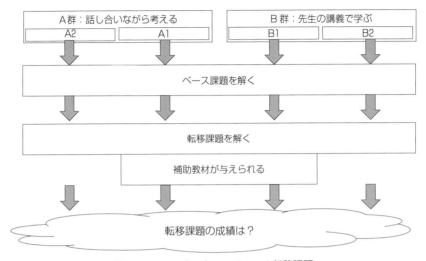

図 4-5　シュワルツとマーティンの転移課題
(出所) Schwartz & Martin (2004) をもとに筆者作成

シュワルツとマーティンの研究（Schwartz & Martin, 2004）は，学んだことが将来役に立つのはどのような状況なのかを，推測統計を題材とした実験で明確に示した。実験では，参加者は図 4-5 に示すように四つの群（A1，A2，B1，B2）に分けられた。四つの群は全員，転移課題を解くための基本的な素材となる**ベース課題**を解いたのだが，その課題の解き方は 2 種類に分かれていた。A1 群と A2 群は，参加者同士で少人数のグループを作り，そこで話し合いながらベース問題の解き方を考えるという発見学習の様式（教え方 A）によって学習した。残りの B1 群と B2 群は，先生からベース問題の解き方を講義形式で学んだ（教え方 B）。A と B で扱われた学習内容は同一だった。そこから 1 週間後，全員が同一の転移課題を与えられてそれを解くように指示された。この転移課題は，ベース課題を直接用いようとしても解けないタイプの問題だった。この転移課題を解くとき，A1 群と B1 群にのみ，まったく同じ補助教材が与えられた。

ベース課題の成績を見ると，A1 群と A2 群は B1 群や B2 群と比べて劣っていた。これは B1，B2 群が先生から解き方を教えてもらっていたことを踏ま

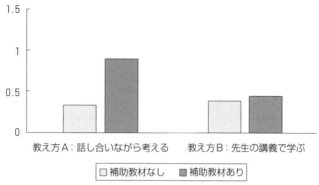

図 4-6　シュワルツとマーティンの転移課題の成績
(出所) Schwartz & Martin (2004) をもとに筆者作成

れば不思議ではない。しかし，転移課題の成績では，A1群が他の3群と比べてよかった（図4-6）。これら二つの結果から，A1群は教え方Aで学んだことと補助教材とを組み合わせたことにより転移課題で好成績を収めたといえる。同じように補助教材を受け取ったB1群の成績と比較すると，A1群の学習過程は，教え方Aでの学習経験が，補助教材を用いて学ぶという**未来の学習のための準備**となっていたといえる。

　一般的な転移研究では，教え方AまたはBで学習者が学んだことが転移課題で発揮されるのかを調べる一重転移が起こったかどうかが問題とされる。シュワルツらの研究は，教え方AまたはBで学んだことと補助教材で学んだことを転移課題で発揮できるのかを調べるため，**二重転移**課題と呼ばれる。もし，教え方AまたはBで学んだことがいかに転移課題の正答率に寄与したのかを検討する一重転移課題だったとすれば，A1群の成果はあまりよく見えなかっただろう。A1群が教え方Aで学んだことは，補助資料がいかに活用できるかという観点に立ったときに明らかになったのである。

3 問題解決を通じて学びの見通しを持つ

3-1 プログラミングを用いた子どもたちの問題解決

　問題解決によって得られた知識が後続の学習へと影響するのだとすれば，問題解決経験がその後の学習に**見通し**を持つための手がかりとして機能してほしい。こう考えた筆者は，日本の**プログラミング教育**の先駆けである戸塚（1995）の実践例を参考にして，小学校5年生の児童7名を対象に，小学校5年生算数科で学習する正多角形の学習内容を中学校等で行われる後続の学習へとつなげることを意図した1時間のワークショップを実施した（遠山，2017b）。

　7名の児童は二つのグループに分かれて，プログラミング環境「Scratch」[2]を用いて，正n角形（nは角の数を示す整数）の内角一つあたりの大きさを，nを用いて表現する方法を見つける問題に挑戦した。Scratchを用いて正多角形を描画すると，正多角形の各辺を描きながら一周する亀が中心の周り360度をぐるりと進んでいくこと，角の数が大きくなるにつれて各角で亀が回りこむ角度が小さくなること，角の数を大きくするほど正多角形は円に近づいていくこと等が可視化される（図4-7）。児童らにはScratchとともに，正十角形，正十二角形，および正百角形の描き方を考えるヒントとなる学習素材を手渡した。

　ワークショップ後，グループAは360÷nで外角一つあたりの大きさを求めるプログラム，グループBは事前テストに用いた公式をnで表現したプログラム（180×(n−2)÷n）をそれぞれ発表した。グループ活動中の児童の発話を分析する**プロトコル分析**を行った結果，正百角形についてグループAの児童は「1回転するには3.6度が100個で…360度。こうやって（両手で円を描く）亀が戻ってくる」，「よく見ると角は100個ある」といった説明をしていた。それを聞いていたグループBの児童はグループAの発表に対して「こっちの方が簡単だ」と呟いていた。

→ 2　以下のウェブサイトを参照。https://scratch.mit.edu/（2018年8月31日閲覧）

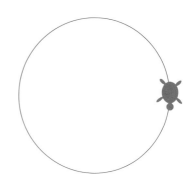

図4-7 Scratchで作られた正百角形を描くプログラム（左）と実行結果（右）

3-2 プログラミングを通じて学びの見通しを得る

　上記のグループAの児童の発言では，肉眼には円のように見える正百角形にも100個の角があり，角を全て描画すると亀が360度回転してスタート位置に戻ってくることが説明されている。これは素朴ではあるものの，外角の考え方の一端を表すものである。小学5年生の算数科の教科書では，外角の考え方は通常扱われない。しかし，グループBの児童の反応も踏まえると，小学5年生にとって外角の考え方を使って正多角形を描くことに特別な困難が伴うわけではないと考えられる。

　プログラミングを用いずに正多角形を学ぶ場合，外角のことを学ぶ必然性はない。外角や文字式，正多角形の外角一つあたりの大きさが360÷nで求められることは中学校数学科の学習内容でもある。一方で，プログラミングを用いた正多角形の学習では外角の考え方が児童らに自然と受け入れられた。さらに言えば，nを限りなく大きくしていけば円になるという変数の性質を活かした考え方や正多角形と円の幾何学的な関係性にも気づくきっかけとなった。このように，思考を可視化すること，転移を引き起こすことなどの心理学の問題解決の知識は，問題解決経験を次の学びへつなげるための学習環境を設計する際に役立てることができる。

第4章　学習と問題解決

> ❖考えてみよう
> 　最近よく耳にする「主体的・対話的で深い学び」を実現するために，どのような方法があるだろうか。第3章でも取り上げた「割り算において0で割ってはいけない」をテーマにどのような方法があり得るか考えてみよう。

もっと深く，広く学びたい人への文献紹介

　安西　祐一郎（1985）．問題解決の心理学——人間の時代への発想——　中公新書
　　☞本書は1980年代前半までの心理学の問題解決の分野において基本的な問題や核となる考え方が紹介されている。本章で紹介したハノイの塔問題や4枚カード問題についてより詳しく学ぶことができる。図表を用いて平易な言葉でまとめられているため，問題解決の基本的事項を学ぶのに適している。

　米国学術研究推進会議（編著）森　敏昭・秋田　喜代美（監訳）（2002）．授業を変える——認知心理学のさらなる挑戦——　北大路書房
　　☞本書では，問題解決の中でも転移や熟達化（第6章参照）の観点にたって人の学習をとらえることができる。問題解決を通じて観察される人の振る舞いを分析することで，その人がどのような知識体系を作り上げているのか，先行経験をどのように問題解決に活かしているか等を人の学習という観点から幅広く学ぶことができる。

引用文献

Frey, C. B., & Osborne, M. A. (2017). The future of employment: How susceptible are jobs to computerisation? *Technological Forecasting & Social Change, 114*, 254-280.

Griggs, R. A., & Cox, J. R. (1982). The elusive thematic-materials effect in Wason's selection task. *British Journal of Psychology, 73*, 407-420.

服部　雅史・高橋　和弘（1996）．第1章　演繹的推論　認知心理学〈4〉思考（pp. 15-35）　東京大学出版会

Johnson-Laird, P. N., & Wason, P. C. (1970). A theoretical analysis of insight into a reasoning task. *Cognitive Psychology, 1*, 134-148.

Klahr, D., & Carver, S. M. (1988). Cognitive objectives in a LOGO debugging curriculum. *Cognitive Psychology, 20*(3), 362-404.

Lindsay, P. H., & Norman, D. A. (1977). *Human information processing: An introduction to psychology* (2nd ed.). New York: Academic Press.

Luchins, A. S. (1942). Mechanization of problem solving: The effect of

Einstellung. *Psychological Monographs, 54*(6), i-95.
三宅 芳雄・三宅 なほみ（2014）．新訂 教育心理学概論 放送大学教育振興会
Newell, A., & Simon, H. (1963). GPS, A program that simulates human thought. In E. A. Feigenbaum & J. Feldman (Eds.), *Computers and thought: A collection of articles* (pp. 279-296). New York: McGraw-Hill.
Norman, D. A. (1993). *Things that make us smart: Defending human attributes in the age of the machine.* Reading, Mass.: Addison-Wesley Publishing Company.
（ノーマン，D. A. 佐伯 胖（監訳）岡本 明・八木 大彦・藤田 克彦・嶋田 敦夫（訳）（1996）．人を賢くする道具 新曜社）
Papert, S. (1980). *Mindstorms: Children, computers, and powerful ideas.* New York: Basic Books.
Pea, R., & Kurland, M. (1984). On the cognitive effects of learning computer programming. *New Ideas Psychology, 2*(2), 137-168.
Pollard, P., & Evans, J. St. B. T. (1987). Content and context effects in reasoning. *American Journal of Psychology, 100,* 41-60.
Schwartz, D. L., & Martin, T. (2004). Inventing to prepare for future learning: The hidden efficiency of encouraging original student production in statistics instruction. *Cognition and Instruction, 22*(2), 129-184.
遠山 紗矢香（2017a）．第5章 プログラミング教育の動向 国立教育政策研究所 ICT リテラシーと資質・能力（pp. 52-70）
遠山 紗矢香（2017b）．建設的な相互作用を促す手段としてのプログラミング活用方法の検討 日本認知科学会第34回大会抄録集，31.
戸塚 滝登（1995）．コンピュータ教育の銀河 晩成書房
Wason, P. C. (1966). Reasoning. In B. M. Foss (Ed.), *New horizons in psychology* (pp. 135-151). Harmondsworth: Penguin Books.
Wason, P. C. (1968). Reasoning about a rule. *The Quarterly Journal of Experimental Psychology, 20*(3), 273-281.

第5章　社会や集団での学習
——複数名で学ぶとはどういうことか

遠山紗矢香

> 　私たちは，周囲の人たちとのかかわり合いの中で学んでいく。学びにつながるかかわり合いの場としてよく知られているのは，仕事場や学校である。このうち，学校でのかかわり合いによる学びは協働学習と呼ばれ，古くから様々な学習方法が提案されてきた。また，協働学習は，コミュニケーションのやり方を学ぶためだけのものではなく，学びの場に参加している学習者一人ひとりが理解を深めるためのものとしても機能することが示されてきた。このようなかかわり合いの場面で学習者の理解がどのように深まっているのかといったことを調べるためには，学習者の発話や身体動作など，外部から観察可能なデータを用いることが有効だとされている。本章ではこれらのデータを理解の深まりという観点から分析するための考え方についても紹介する。

1　社会や集団の中で学ぶとはどういうことか

1-1　仕事場での学び

　私たちは職場や学校で，周囲の人とかかわり合いながら働いたり学んだりしている。日々当たり前のように行っているかかわり合いだが，じつは様々な側面から，私たち一人ひとりが学びを深めるために支え合っている。たとえば職場には，**初心者（ノービス）**が一人前になっていくための仕組みがしばしば見られる。その一つに**徒弟制**がある。

　西アフリカにある伝統的な仕立屋では，徒弟として入ってきた人たちと協働

するための独特な方法を持っているという。初心者として入ってきた新参者はまず，店内を掃く，使い走りをするなどの軽い仕事を任せられる。その次の段階でやっと服に触ることができるのだが，このときにやらせてもらえるのはボタン付けをしたり袖口を絎けたりすることだという。その次は仕立て上げられた服のアイロン掛けや袖口や裾の処理等のミシン縫いを担当する。さらに次の段階になってようやく布地の裁断が任せられる。作成する服の種類も，最初はズボン下や子どものカジュアル服，次に外出着，その後に高級スーツといった順序になっているという（Lave & Wenger, 1991）。

掃き掃除のように直接服を触らないような仕事は新参者に対する嫌がらせではないか，と思われるかもしれないが，これは新参者が掃き掃除のような軽い作業を通じて，全体的な店の様子を知るための機会として用意されていると考えることもできる。仕立屋では複数の，様々な熟達段階の者が働いているため，同僚の様子を観察することもできる。つまり，掃き掃除をすることのみを期待されているわけではないのである。やっと服に触ることができるようになると，新参者の仕事はもっとも仕上げに近い工程を担当することから始まる。これにより，衣服の構成全体を把握することが促される。また，もし新参者が失敗したとしても，ボタン付けやアイロン掛けといった仕事は先輩や店主などの**熟達者（エキスパート）**に交代すれば挽回することも可能である。一方で布地の裁断は後戻りがきかない仕事である。このように，新参者が**コミュニティ**へと少しずつ参加していき，いずれはコミュニティの中で熟達者として育っていくことが期待される参加様式は**正統的周辺参加**と呼ばれる。

1-2　学校での学び

私たちは学習においても，周囲の人々とかかわり合うことが多い。学校の授業でのグループ学習を通じて自分にはない視点を仲間から得たことがある人は少なくないだろう。私たちが話し合いながら学習することは広く**協働学習**と呼ばれている。

学校での協働学習の歴史は古く，実践例は1970年代から報告されている（た

とえば Aronson, Blaney, Stephan, Sikes, & Snapp, 1978)。1980年代には，協働学習がなぜ効果的なのかを説明するための研究も進められた（たとえば Miyake, 1986)。また，協働学習の展開を観察するために有用な分析方法として，学習者の発話から学習者の視点や内部状態の変化を検討しようとする**プロトコル分析**の手法や意義が整理された (Ericsson & Simon, 1993)。このころ，先述の仕事場での学びでも一例を紹介したが，職場などの任意の状況の中で人がより賢く振る舞うと考える**状況論**への関心が高まった。状況論とは，個人よりも集団の中で人々がより賢く振る舞うことができる理由を明らかにしようとするとらえ方であり，また，主として学校での授業のように学問分野やカリキュラムによってはっきりと構造化された学び（**フォーマル学習**）だけでなく，仕事や余暇などの日常的な活動の結果として起こる**インフォーマル学習**も学習環境として注目されるようになった（定義は OECD（OECD 編著 山形大学教育企画室監訳, 2011)による)。

　近年では，OECD による PISA の調査（OECD, 2013）に協働問題解決が含まれたことが話題を呼んだ。OECD が公表している問題例では，「ザンダー国」という架空の国について複数の問題が出題され，チームでできるだけ早く答え終えるために，学習者が他2名と協働的に取り組む過程が評価されている。日本でも学びにおける協働問題解決の重要性が指摘されるようになった。2020年から小学校での実施が始まった学習指導要領では，子どもたちが「いかに学ぶのか」を改善すること，その学び方として協働学習を取り入れることの重要性がそれぞれ明記された。なお，指導要領では**主体的・対話的で深い学び**という呼び方がなされている。

　このように，協働学習は私たちの学習においてこれまで以上に重視されるようになっている。一方で，協働学習に触れる機会が多いからこそ，どのようなときに，どのような形態の協働学習を行うのが効果的なのかを見極める必要もある。そこで以降では，協働学習の形態や協働学習場面で起こること，評価方法についてフォーマル学習に焦点化して紹介し，協働学習に対して多様な視点から検討したい。

2 協働学習

2-1 協働学習の形態と学習目標

協働学習には様々な手法がある。それぞれの手法は，しかるべき**学習目標**を達成するための手段として構成されている。したがって，学習者が何回発言したか，何回疑問を口にしたかといった外形的な特徴を観察することに留まることなく，学習者がいかに協働学習に促されて学びを深めたかを観察することが重要である。

例として次のことを想像していただきたい。子どもたちが小グループに分かれて，順番にです・ます調で自分の意見を述べているとき，そこで育成されようとしている子どもたちの能力は，仲間同士でよりよい人間関係を構築する能力だろうか。自分の考えを聞き手にわかりやすくまとめて説明する力だろうか。あるいは，教えられた発表様式をきちんと守って説明する能力だろうか。当然，上記以外の可能性も考えられる。

学習目標と学習活動の関係性を学ぶための例として取り上げたいのが，**ジグソー法**である。ジグソー法は協働学習の中でも歴史が古く，1970年代に実践が始められてから現代まで少しずつ形を変えながら用いられ続けている。長く用いられている秘訣として，学習者の年齢や学習内容に依存しないこと，アレンジ次第で様々な学習目標と組み合わせることができることが挙げられる。そこで以下では，ジグソー法を具体例として，学習目標と学習活動の関係性について説明する。

2-2 ジグソー法

ジグソー法は，社会心理学者のアロンソンによって開発された手法である（Aronson et al., 1978；Aronson & Patnoe, 1997）。アメリカでの人種融合政策に合わせて開発された手法だという。アロンソンのジグソー法は次のように進められる。まず，一冊の本をいくつかの部分に分割する（章や節などを分割単位

とする)。次に，分割されたそれぞれの部分を子どもたちへ別々に配布する。子どもたちは与えられた部分を読んで内容を把握する。その後，互いに異なる部分を担当した子どもたちが集まってそれぞれの内容を説明する。この活動のポイントは二つある。一つめは互いの話を聞くことによってはじめて本の内容が把握できること，二つめは異なる部分を担当した相手に対して了解可能な説明をする責任が生じることである。

この手法が開発された当初は，ジグソー法で学ぶ回数を重ねることで，子どもたちが互いのことを好きだ，また学校が好きだとアンケートに回答する傾向が強まることなどが成果として示された（Blaney, Stephan, Rosenfield, Aronson, & Sikes, 1977）。

2-3 知識構成型ジグソー法

近年では，上記のように子どもたちの人間関係を改善するという目的にとどまらず，子どもたちの学習の到達度を引き上げるために協働学習を取り入れる試みもさかんである。ジグソー法の場合，国内ではジグソー法の発展的な手法である**知識構成型ジグソー法**が知られている。この手法は三宅らをはじめとする東京大学大学発教育支援推進機構（CoREF）によって開発された手法である（三宅・東京大学CoREF・河合塾，2016）。二人以上で話し合うことによって，一人のときよりも学習者それぞれの学びが深まる仕組みを，三宅らは**建設的相互作用**と呼んだ（Miyake, 1986；詳細は後述）。知識構成型ジグソー法は，建設的相互作用を引き起こすための過程を「型」として説明し直したものととらえることができる。なお，知識構成型ジグソー法も含む建設的相互作用を引き起こすための協働学習を，三宅らは「**協調学習**」と呼び分けている（三宅他, 2016）。

知識構成型ジグソー法の段取りは次の通りである（三宅他, 2016）。なお，段取りの中で示した「　」は三宅や東京大学CoREFによる表現をそのまま用いた箇所である。

①問いについて一人で考える

　教師が問いを設定する。たとえば「豊臣秀吉はどんな社会をつくったか」といった問いである。子どもは問いに対する答えを一人で考える。問いは，この時点では子ども一人では十分な答えが出せないが，子どもに解いてみたいと思ってもらえるものが好ましい。

②「エキスパート活動」で専門家になる

　子どもは「答えを出すのに教師が必要だと考えるいくつかの部品」を，グループに分かれて学ぶ。部品は教師が数種類用意する。仮に3種類ならば，クラスの1/3の子どもに各部品を配る。先ほどの問いの例で言えば，「太閤検地」，「刀狩令」，「身分統制令」といった部品である。子どもは，同じ部品を持つ3〜4名で内容を確認し，一人で他の部品の担当者に内容を説明するための準備をする。

③「ジグソー活動」で部品を交換・統合する

　異なる部品について学んだ子ども同士が集まって問いに対する答えを作る。子ども一人ひとりが主体的に話し合いに参加できるよう，各部品の担当者はグループで1名のみとする。一人ひとり異なる部品だからこそ，それらを用いることでよりよい答えを作ることができる期待感を一人ひとりに生じさせる。

④「クロストーク」で表現を見つける

　各グループが自分たちで考えた答えをクラス全体へ発表する。同じような答えであっても，子どもなりの多様な答えの表現を互いに聴き合う機会が，子ども一人ひとりが自分なりにわかっていく過程を支援する。

⑤問いに対する答えを再度一人で考える

　①と同様に，再度子ども一人で自分の答えを書く。

2-4　知識構成型ジグソー法の特徴

　以上の段取りを通じて，知識構成型ジグソー法による協調学習では，人が生まれつき持っている「対話を通じて学ぶ力」を引き出すことで，一人ひとりが考えを深める過程を実現しようとする。協調学習とは，「学習者が何かをわか

っていくときの過程は学習者一人ひとり異なるという前提に立ち，その違いを生かして，学習者一人ひとりが学んだことの適用範囲を広めていくことができる学び方」だからである。

また，知識構成型ジグソー法は「学んだことが次の問いを生み出す」という前提に立つ。そのため，学習者の日常経験から得られるような素朴な発想を超えて，他の単元や教科と関連させながら学習者自身で深めていくことができる問いを，まずは教師が考える。問いを解くための手がかりになる部品も教師が用意する。

こうして知識構成型ジグソー法では，考えを作る主導権を学習者に委ねる。知識構成型ジグソー法の前後で学習者個人の考えの変化を評価するための仕組みが整えられているのは，個々の学習者に生じる学びを教師の視点から観察しやすくするためである。この方法は，学びについての客観的なデータにもとづいて授業改善を続けるうえでも有用な手法だといえる。

知識構成型ジグソー法は小学校から高等学校までの幅広い校種で，また日本の学校で扱われている全ての教科について実績があり，子どもたちの理解を深めるうえで効果的であることが示されている（東京大学 CoREF, 2018）。知識構成型ジグソー法で特徴的なのは，子どもたちに対して教師から**学習課題**が提示されることである。学習課題の設定のポイントは前項の①で説明したように，一人で回答するのは難しいが興味が持てるものにすることである。この学習課題に対する子どもたち一人ひとりの理解度の変化を**評価**するために，①と⑤にて学習者一人で答えを書いてもらう。事前と事後でまったく同じ聞き方とし，事前と事後の回答の質を比較することで，授業を通じて学習者の回答がどのように変化したのかを評価することが可能になるのである。

単純に「この授業でどのようなことを学びましたか」と問えばよいと思われるかもしれない。しかし，私たちは一般に，事前から事後に至るまでの間に自分自身にどのような変化が生じたのかを客観的に把握することが容易でないことがある。いわゆる「神様」の視点から自分が記憶していることや理解の状態といった認知のありさまを客観的に観察する能力は広く**メタ認知**と呼ばれてい

るが、メタ認知には様々な困難が伴う。このことを考慮すれば、学習者が「この授業で大変理解が深まった」と発言しても、学習目標に照らしてその学習者の理解が本当に深まったかを客観的に評価した結果とは言いがたい。そこで、事前と事後で同じ質問に回答してもらい、その回答を第三者が客観的な視点で比較することが意味を持つ。

2-5 様々な協働学習

以下では、学習者の学びを深めるために国内でジグソー法のほかに用いられている協働学習の取り組みを2例、紹介する。いずれも多様な教科において、多様な学年の子どもたちに対する多数の実践が蓄積されていることが知られている（白水・齊藤, 2018）。関連書籍も豊富で、入手が比較的容易なものである。

①仮説実験授業

板倉聖宣氏が主となり開発された**仮説実験授業**（板倉, 1963）は、子どもたちが教師から与えられた学習課題に対して、実験の結果や仲間との議論を通じて科学的な理解を深めていくことを促す方法である。まず教師は、科学的に本質的な概念の学習に通じる課題を用意し、子どもたちは一人ひとりその課題に対する答えを予想する。答えは、教師から与えられた回答の選択肢の中から自分の考えにもっとも近いものを選ぶ。子どもはどの選択肢を選んだのかを挙手で示すことで、子どもたち同士で互いに異なる仮説を持っていることやどの仮説を選んだ人が多いのかといったことを知ることができる。また、この時点では曖昧な考えしか持てなかった子どもも選択肢の中から選べばよいため、無理なく学びの輪に参加することができる。その後、異なる仮説を持つ仲間もいるクラス全体が一体となって、自分の仮説の妥当性を説得的に示すための議論を行う。ただし、「なんとなくそう思った」のような意見であっても受け入れられる。ここで仲間の議論を聞いていて自分の仮説を改めたくなったら、別な仮説を選び直すことも可能である。こうしてじっくりと自分の仮説について多面的に検討した後で、教師による演示実験等で課題に対する正解を確認することで、その実験を通じた科学的な学習が促されるという。仮説実験授業の授業例

としてもっとも歴史が深いのは理科だが，社会科など理科以外の教科でも実践例が蓄積されている。授業の進行方法は**授業書**にまとめられている。授業書の一部は書籍に収録されており（例として板倉，1979），実際の仮説実験授業での子どもたちの様子は論文（齊藤，2016）等を通じて知ることができる。

②学びの共同体

次に，佐藤学氏が提唱した学習形態である**学びの共同体**が挙げられる。この手法は，児童生徒が一人残らず質の高い学びへ向かうことができるよう学習者の学びのための共同体を構成するために学校改革・授業改革を進めていく取り組みである。授業をよりよく作り変えようとするだけに留まらず，学習者としての児童生徒だけでなく教師の専門家としての成長の促進や保護者・市民との連携を深めることも一体的に行っていくという特徴がある（佐藤，2018）。教室では，子どもたちの机は子どもたちが教室中央を向くようにコの字型に配置され，その中で子どもたちは男女が市松模様になるように座る。隣同士で話し合ったり，4名が1グループとなって学習を進めたりと，児童生徒が互いに**聴き合う関係**を作ることで一人残らず学びに向かうことができるよう配慮されている。授業で解く問題には，児童生徒が少し背伸びをすれば解くことができると想定される，全員が理解できるようになることを目指す共通問題と，児童生徒がみんなで力を出し合って考えなければ解けない**ジャンプの課題**とが用意される場合が多い（佐藤，2018）。学びの共同体も，小学校から高等学校までの幅広い校種で実施されており，その教科も多様である。各種取り組みについては佐藤氏らの著書に詳しく紹介されている（例として佐藤・和井田・浜崎・藤原，2013；佐藤，2006）。

これら手法には共通して，学習者一人ひとりに課題に対する考えを持たせるための支援やそれを表出させる支援，一人ひとりの見方や考え方にはバリエーションがあることに触れる支援，様々なバリエーションを持って互いに議論しながら一人よりもよりよい考えに到達するための支援といった，協働学習を効果的に進めるための仕掛けが埋め込まれている。これらの仕掛けは，心理学の見地からそのよさを説明することができるものも多い。

3 協働場面の観察

3-1 やり取りをよりよく観察するための手立て

　協働学習が当初計画した通りに進んでいるかをモニタするための方法として，学習者の**外化物**を評価する方法がある。たとえば，先述の知識構成型ジグソー法において事前および事後で学習者が考えを書きだしたプリントも外化物の一つである。また，電子掲示板などの ICT を活用すれば，学習者の学びの履歴を機械的に検索可能な形で保存し，必要に応じて後から学びの履歴を詳しく分析することが容易になる。

　協働学習における特徴的な外化物として**発話**や**身体動作**が挙げられる。二人以上で話し合う協働学習場面では，学習者がそのときに何を見ているか，そのときに考えていたことは何か，といった詳細な情報が発話に表れる。これは一人で問題を解く場合には得難いデータと言える。たしかに，問題を解きながら考えていることを独り言のように発話してもらう **Think-aloud 法**（Ericsson & Simon, 1993）もあるが，我々は普段そのような問題の解き方をしないし，眼前の問題を解くことと発話することのそれぞれに注意（認知リソース）が割かれるため正確な**言語報告**を得がたいこと等の限界がある。

　発話や身体動作をデータとして記録することで，学習者がどのような過程（**プロセス**）を追って学びを進めていくのかを観察することが可能になる。これまでの研究ではこうした分析のために，発話を録音して書き起こしを行ったり，逐次書き取ったりした**トランスクリプト**を作成している（例として Miyake, 1986；Shirouzu, Miyake, & Masukawa, 2002；遠山・白水，2017）。

3-2 発話パターンを分析した場合の限界

　協調問題解決場面では一般的に，参加者同士が協力し合っている様子が特徴的な発話として表出される。これまでの研究では特徴的な発話として以下のようなものが挙げられている（遠山・白水，2017）。

特徴A：自分の考えを述べる
特徴B：疑問を発する
特徴C：批判をする
特徴D：話者が交代しながら互いの考えを述べ合う
特徴E：発言を遠慮しない
特徴F：答えを急ぐ発言がない

　しかし，遠山・白水（2017）によれば，話し合いで問題が解決できた子どもたちと解決できなかった子どもたちを比較した結果，協調的に問題解決ができた子どもたちとそうでない子どもたちの話し合いの特徴のちがいを，特徴的な発話の表れ方で説明することは難しかったという（ただし特徴Fで否定されている「答えを急ぐ発言」は，協調的に問題解決ができなかった子どもたちに多い傾向が見られた）。つまり，問題解決に成功しようがしまいが，子どもたちは互いに疑問を出したり，批判をしたりしていた。この結果は，学習の深まりを対話の外形的な特徴のみで判断しようとすることの限界を示したものだと考えられる。

3-3　モデルに照らして解釈する

　トランスクリプトを作成したあと，学習者の発話の分析は，どのように行えばよいのだろうか。これについても，学習目標に照らした分析方法を選択することが重要になる。たとえば，先述した学習者の学びの深まりを分析したいのであれば，どのようなことが起これば「学びが深まった」と言えるのか，つまり**分析基準**を分析作業に先だって決めておく必要がある。とはいえ，協働学習で扱われる問題には算数の図形問題から国語の文章読解問題まで様々なものが想定されるため，多様な問題領域へ適用できる分析基準が必要となる。そのために参考になるのが，人はいかに学ぶのかという仕組みを説明した**モデル**である。モデルは，問題領域に固有のキーワードを含まない，抽象的なものである。

　ここでは三宅の3レベルモデル（三宅・三宅，2014）を紹介する（知識の変容に関しては第3章も参照）。三宅は，建設的相互作用（後述）による学習者の知

識の変化を，対話による理解深化モデルという3段階の知識の統合プロセスとして描き出した。3段階の知識は，レベルが上がるほど抽象度が高く，様々な事柄を一貫して説明できる適用範囲の広い知識となっている。レベル3は現在の科学者集団の合意として存在する**原理・原則**としての知識であり，図式や命題などといった形で教科書などに掲載されている。それに対し，私たちが日常経験から日々得ている抽象度の低い**経験的な知識**がレベル1である。レベル2の知識は，経験的知識（レベル1）を形式的理論（レベル3）と結びつけて私たち一人ひとりが作り上げる準抽象的な知識であり，**説明モデル**と呼ばれる。説明モデルは，様々な過去の経験や観察された現象などに対して，一定の整合性をもってそれらの仕組みを説明することができるものである。

　レベル3の原理・原則を丸暗記すればよいではないかと思われるかも知れない。しかし，レベル1の具体的な知識と切り離されて丸暗記した知識はすぐに忘れ去られてしまう。長期的に保持できる知識を得るためには，レベル3で説明されていることを納得する必要がある。納得に至るには，レベル2の知識を学習者自らが**構成**し，原理原則を裏付けられるところまで整理していく必要がある。整理が進んでいくと，このレベル2の知識は様々な経験や現象を説明可能な抽象的なものになっていく。

　上記のようにレベル間をつないで納得していく活動を支えるのは，前節の知識構成型ジグソー法の解説で述べた建設的相互作用である。三宅は，この知識が社会的に構成されるというモデルを，国語や算数といった学習対象に応じて具体的に設定できると考えた。

3-4　建設的相互作用

　学習者間で多様な考え方や知識・経験等を共有し，協働学習の参加者同士が異なる視点から共有されたものを互いに比較検討しながら考えを整理していくとき，私たちは一人で学習する場合よりもよい考えに到達できることがある。本章でこれまでに何度か登場してきた**建設的相互作用**は，この仕組みを説明したものである。以下にその仕組みを詳しく述べる。

第5章　社会や集団での学習

> ☕**コラム　問題解決経験を通じた大学生のインフォーマル学習**
>
> 「このプログラムはなぜ期待通りに動かないのだろう？」―私たちは日常生活の中で問題に直面したとき，その問題を解決するまでの過程を通じて様々なことを学習する。これは大学生や社会人も同様である。問題解決場面では，どのような知識が必要になるのか整理し，必要となる知識をどのように組み合わせて用いればよいのかを考えることが求められる。つまり，学習者中心の知識構成が引き起こされるのが問題解決場面であるとも言える。近藤他の研究では，大学生のアルバイトスタッフに対して，多様なICTが整備されたアクティブラーニング教室を運営しながらよりよく改善し続けるという問題解決場面を設定することで，学生スタッフの主体的な学びが引き起こされることが示されつつある（遠山・山田・近藤・大崎，2021）。学生スタッフは教室のユーザから要望を聴取したりユーザの教室使用場面を子細に観察したりするだけでなく，フォーマル学習としての授業で学んだ情報技術の知識を利用したり他の科目で学んだことと関連付けたりする主体的な活動を，学生スタッフ同士の協働によって推し進めていたという。アクティブラーニング教室を運営する業務としてのインフォーマル学習がフォーマル学習と有機的に結び付けられることで，総体として学習者の学びの質を高めることができる可能性が示された例だと言える。

　協働学習では，考えを話したり問題を解いたりする**課題遂行者**と，それを聞いたり解決を見守ったりする**モニタ**との間での**役割分担**が自然に発生する。課題遂行者は，自分の考えを発話やメモ，描画，身体動作等で外化する。一方で，モニタは課題遂行者が外化したものに対して，課題遂行者の思考の流れや意図があまりよくわからないままコメントすることになる。よくわからないからこそ，このコメントは，客観的なものが多いと期待される。

　モニタがコメントを述べることで，さっきまでモニタだった人が今度は課題遂行者となり，課題遂行者だった人が今度はモニタとなる。元・モニタからのコメントから，元・課題遂行者は自分の考えを見直したり，コメントの中から了解可能な部分を自分の考えに取り込んだりする。こうして役割交代を繰り返していくことで，各自の考えが段階的に整理されていく。

　建設的相互作用は多様な課題について生じることが示されており，ミシンはどのようにして縫えるのか（Miyake, 1986），折り紙の3/4の2/3の面積はどのように求められるのか（Shirouzu et al., 2002），1.5倍とはどのような長さなのか

（遠山・白水，2017）等の課題がその例として挙げられる。

　　付記：第2節の一部は，遠山（2016）を，第3節の一部は遠山・白水（2017）を大幅に加筆・修正したものである。

> ❖考えてみよう
> 　職場ではもちろん学校でも，役割や経験の異なる人々で構成された集団で物事にあたることがあるだろう（たとえば，クラブ活動など）。そうした集団（チーム）において問題もしくは課題が生じた場面を思い浮かべてみよう。誰がどんな役割をすればいいだろうか。とくに経験の浅い人が成長するためにはどのように集団が運営されていくことが望ましいだろうか。

もっと深く，広く学びたい人への文献紹介

三宅 芳雄・三宅 なほみ（2014）．新訂　教育心理学概論　放送大学教育振興会
　☞本書では，二人以上で対話しながら協調的に問題を解決することの理論的背景や，それを踏まえて設計された協調学習の方法である「知識構成型ジグソー法」や「仮説実験授業」など，本章で取り上げた協調学習の手法や実践例，その成果等が紹介されている。平易な文章で説明されており，心理学や認知科学の核心にせまる内容を学ぶのに最適である。

稲垣 佳世子・波多野 誼余夫（1989）．人はいかに学ぶか──日常的認知の世界──　中公新書
　☞本書は1980年代までの学習の研究に関する全般的な内容を含んでいる。とくに，1980年代後半から注目を集め始めた状況論に関する知見も豊富に紹介されている。状況論は，かかわり合いの中で学ぶという本章のテーマの源流の一つでもある。平易な言葉で説明されており，日常生活と関係の深い事例が数多く紹介されているため，興味深く読み進めることができる。

引用文献

Aronson, E., Blaney, N., Stephan, C., Sikes, J., & Snapp, M. (1978). *The jigsaw classroom.* Beverly Hills: Sage Publishing Company.

Aronson, E., & Patnoe, S. (1997). *The jigsaw classroom* (2nd ed.). New York: Longman.

Blaney, N. T., Stephan, C., Rosenfield, D., Aronson, E., & Sikes, J. (1977). Interdependence in the classroom: A field study. *Journal of Educational Psychology, 69*(2), 121-128.

Ericsson, K. A., & Simon, H. A. (1993). *Protocol analysis: Verbal reports as data*. Cambridge, MA: The MIT Press.

板倉 聖宣（1963）．仮説実験授業の提唱　理科教室，11月号．

板倉 聖宣（1979）．仮説実験授業――授業書〈ばねと力〉によるその具体化――　仮説社

Lave, J., & Wenger, E. (1991). *Situated learning: Legitimate peripheral participation*. Cambridge: Cambridge University Press.

Miyake, N. (1986). Constructive interaction and the iterative process of understanding. *Cognitive Science, 10*, 151-177.

三宅 芳雄・三宅 なほみ（2014）．新訂　教育心理学概論　放送大学教員振興会

三宅 なほみ・東京大学CoREF・河合塾（編）（2016）．協調学習とは――対話を通して理解を深めるアクティブラーニング型授業――　北大路書房

OECD (2013). *PISA 2015 collaborative problem solving framework*. Paris: OECD Publishing.

OECD（編著）山形大学教育企画室（監訳）松田 岳士（訳）（2011）．学習成果の認証と評価――働くための知識・スキル・能力の可視化――　明石書店

齊藤 萌木（2016）．説明モデルの精緻化を支える社会的建設的相互作用　認知科学，*23*(3), 201-220.

佐藤 学（2006）．学校の挑戦――学びの共同体を創る――　小学館

佐藤 学（2018）．学びの共同体の挑戦――改革の現在――　小学館

佐藤 学・和井田 節子・浜崎 美保・藤原 久雄（2013）．授業と学びの大改革「学びの共同体」で変わる！高校の授業　明治図書出版

Shirouzu, H., Miyake, N., & Masukawa, H. (2002). Cognitively active externalization for situated reflection. *Cognitive Science, 26*(4), 469-501.

白水 始・齊藤 萌木（2018）．6章　アクティブ・ラーニング　河合 優年・内藤 美加・斉藤 こずゑ・高橋 惠子・高橋 知音・山 祐嗣（編）日本児童研究所（監修）　児童心理学の進歩　2018年版（pp. 123-144）　金子書房

東京大学CoREF（2018）．自治体との連携による協調学習の授業づくりプロジェクト平成29年度活動報告書　協調が生む学びの多様性第8集――学びのデザインをどう支えるか――　東京大学CoREF

遠山 紗矢香・白水 始（2017）．協調的問題解決能力をいかに評価するか――協調問題解決過程の対話データを用いた横断分析――　認知科学，*24*(4), 494-517.

遠山 紗矢香・山田 雅之・近藤 秀樹・大﨑 理乃（2021）．持続的な発展を目指すコミュニティの評価手法の検討――7年間の大学生の正課外活動を例として――　教育システム情報学会誌，*38*(2), 137-149.

第6章　学習の熟達と身体化
——言葉では言い表せない知識の獲得

安 藤 花 恵

> 経験を積むことで，以前はわからなかったことがわかるようになったり，以前はできなかったことができるようになったということは，誰でも体験したことがあるだろう。はじめて使うスマートフォンの扱い方に慣れてくること，料理の手際がよくなること，部活や習い事の経験を通して野球やサッカーなどのスポーツがうまくなること，楽器が演奏できるようになること，そして職業経験を通じて自分の職業における専門性が向上することも，「**熟達**」と呼ばれる現象に含められる。この章では，経験を積んで熟達した人とそうでない人との違いは何なのか，どのようにすれば熟達できるのかを概観する。

1　学習の熟達

1-1　熟達化とは

　私たちは日々，熟練したプロの技に触れる機会がある。プロスポーツ選手の活躍は連日のようにニュースで目にするし，美術館へ行けば美しい芸術作品を直接見ることもできる。音楽家の演奏は，ホールで直接聴くだけでなく，音響機器の発達により気軽にどこででも楽しめるようになった。精緻で美しい伝統工芸品を目にしたことのある人もいるだろう。このようなプロの技に接すると，自分ではとてもできそうにないその高度なパフォーマンスに驚くが，そのプロも，最初からそのような高度な技を発揮できたわけではない。すべて，学習の結果身につけたものなのである。

ある分野での学習を開始したばかりで，まだ知識や技能が未熟な段階にある人のことを**初心者**という。一方で，長年にわたる学習や経験を積み重ね，その結果として豊富な知識や高度な技能を身につけている人のことを**熟達者**と呼ぶ。そして，初心者が熟達者へと変化していくことを**熟達化**という。

なお，先に例に挙げたような，世界で活躍する第一人者だけを熟達者と呼ぶわけではない。日常生活の中で，魚屋が魚を捌くその手捌き，スーパーの店員のレジ打ちの早さ，客と会話をしながら素早く美しく品物を包装する店員の手の動きに，目を奪われたことはないだろうか。患者のちょっとした様子から即座に異変を察知する看護師や，数多くのテーブルに目を配り，絶妙のタイミングでサービスを行うウェイターの心遣いに感心した経験のある人もいるだろう。このような職業人たちも立派な熟達者である。また，最初は時間がかかった料理もだんだんと手際がよくなったり，買ったばかりのときはぎこちなかったスマートフォンの操作が徐々にスムーズになったり，最初は一本指で時間がかかったパソコンでの文字入力も，ブラインドタッチができるようになったり……。熟達化とは，私たち誰もが経験したことのある，日常生活の中にありふれた身近な現象なのである。

それでは，熟達化の過程で私たちは何を身につけるのだろうか。初心者と熟達者では何が異なるのだろうか。

1-2 熟達者の記憶力

チェイスとサイモン（Chase & Simon, 1973）は，チェスの初心者と熟達者に，駒が並べられたチェス盤を短時間見せ，その後何も載っていないチェス盤に覚えた配置を再現させるという実験を行った。その結果，ランダムな駒の配置を覚えることに初心者と熟達者の違いはない一方で，チェスの対局中によくあるような駒の配置の場合，熟達者の方が優れた記憶力を発揮することが明らかになった。

このように初心者と熟達者で記憶力が異なるのは，熟達者が知識をもとに**チャンク**を作って記憶しているからであると考えられている。チャンクとは，意

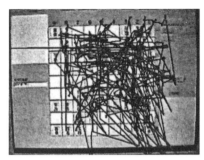 

図 6-1 将棋の初心者（左）と熟達者（右）が将棋の駒の配置を覚える際に駒を見た視線の軌跡
（出所）伊藤・松原・Grimbergen（2001）（今井・野島・岡田（2012）より）

味を持った情報のまとまりのことである。たとえば，「22360679」という 8 桁の数字について考えてみよう。人の**短期記憶**の容量は，7±2 チャンクと言われているので，8 桁の数字（8 チャンクの情報）というのは，人がなんとか一度に覚えられるギリギリの情報量である。しかしこれを「2236」＝富士山麓，「06」＝オウム，「79」＝鳴く，といくつかの数字をまとめて一つの単語にしてしまう（チャンクを作る）と，3 チャンクの情報量となる。さらに「富士山麓オウム鳴く」と，富士の山麓でオウムが鳴いているという一つのストーリーにしてしまえば，1 チャンクの情報量となり，短期記憶に余裕ができてさらに多くの桁数の数字でも覚えられそうである。このように，チャンクを作ることで，膨大と思えるような情報量でも負担なく覚えることができるのである。

図 6-1 は，将棋盤上の駒の配置を覚える際に，初心者と熟達者が駒を見た視線の軌跡を記録したものである。初心者は軌跡を表す線で真っ黒になるくらい盤上を端から端まで何度も見ているのに対し，熟達者は盤の真ん中あたりを少し見ただけであることがわかる。当然初心者の方が盤を見る時間も長くなっているが，初心者が駒の配置を数個間違って記憶していたのに対し，熟達者はすべての駒の配置を正確に再現できたという（伊藤・松原・Grimbergen，2001（今井・野島・岡田，2012 より））。将棋の熟達者は，これまで何度も将棋を指してきた経験から，将棋の駒の配置について多くの知識を持っており，将棋盤を

見たときに，その知識をもとに即座に駒をまとまり（チャンク）に分けて覚えたのだろう。一方初心者にはそのような知識が乏しいためチャンクが作れず，「この駒の横にこの駒，その前にこの駒……」と一つひとつ覚えざるをえなかったに違いない。そのため，一つひとつの駒を何度も何度も見なければ覚えられなかったし，それでも膨大な駒の配置の情報を覚えきれずに間違ってしまったのだろう。一方，チェイスとサイモンの実験で，ランダムな駒の配置の場合は，チェスの熟達者でも初心者と記憶力が変わらなかったのは，ランダムな駒の配置では，熟達者も知識を使ってチャンクを作ることができなかったからであると考えられる。

このように，熟達者たちは知識が豊富であるため，専門分野に関するものについてはすぐにチャンクを作ることができ，一度に多くの情報を正確に記憶することができるのである。

1-3　熟達者のものの見方

熟達者たちは，その分野において必要な**問題解決**を初心者よりもうまく成し遂げることができる。それはなぜだろうか。

図6-2は，考古学の初心者と熟達者が土器を模した壺を見たときの視線の軌跡を示したものである。土器を見たときに，考古学者たちはその土器がいつの時代の物なのか，判別する必要がある。そのときに重要になってくるのが土器の輪郭であるため，熟達者たちは輪郭をなぞるように視線を動かしているのである。一方初心者には，土器の時代の判別に重要なのは輪郭であるという知識もないし，どのような輪郭であればどの時代である，といった知識もない。そのため，重要な輪郭を見ていないし，問題解決（土器の時代判別）に重要でない部位を見てしまっているのである。

初心者と熟達者の視線の軌跡を比較した研究は数多くあり，たとえば野球の熟達者はピッチャーの肩のあたりから目を離さないのに対し，初心者はその他の場所もあちこち見るという（Kato & Fukuda, 2002）。バッターが投げるボールを打つためには，ボールがどんなスピード・軌跡・タイミングで飛んでくる

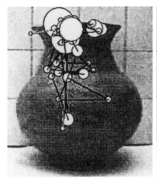 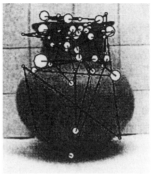

図6-2 考古学の初心者（左）と熟達者（右）が壺を見たときの視線の軌跡
（出所）時津（2007）

かという情報を得る必要があり，その情報はピッチャーの肩のあたりから得られるということだろう。このように，熟達者たちは課題解決に必要な情報が何であるか，そしてその情報はどこを見れば得られるかを知っており，そこから目を離さず，逆に必要のない場所は見ないということで，必要な情報を効率よく得て問題解決に役立てている。

また，"どこに目を向けているか"ではなく，"何を重視して見ているか"についても，初心者と熟達者には違いがある。チーとフェルトビッチとグレイサー（Chi, Feltovich, & Glaser, 1981）は，物理学の博士号取得者（熟達者）と学部生（初心者）に様々な物理学の問題を見せ，自由にグループ分けするよう求めた。初心者たちは，問題の表面的な見た目に左右されて問題をグループ分けしたのに対し，熟達者たちは見た目ではなく，その問題を解くのに必要な理論は何かということにもとづいて問題をグループ分けしたという（図6-3）。やはり物理学者たちは，物理の問題を解くという問題解決にとって本質的に重要な点（その問題を解くために必要な理論）を重視しながら問題を見ているのである。

絵画においても，初心者はその絵に"何が描かれているのか"という表面的なところにとらわれ，抽象画より具象画を好んだり，色を重視する。そのため，絵を白黒に変えたり画質を荒くしたりという加工を施すと，初心者の絵に対す

第Ⅰ部　学習心理学

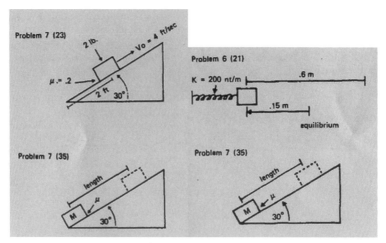

図6-3　初心者が同じグループに分類した問題（左）と，熟達者が同じグループに分類した問題（右）
（出所）Chi, Feltovich, & Glaser (1981)

る評価は落ちるが，構図やオリジナリティを重視する熟達者は評価を変えない（Hekkert & van Wieringen, 1996）。また，様々な絵を分類させると，初心者は色や感情をもとに絵を分類するが，熟達者は表現技法をもとに絵を分類する（Augustin & Leder, 2006）。

このように，初心者が表面的な見た目にかなり左右されながらものを見るのに対し，その分野の熟達者は表面にとらわれず，真に問題解決に重要な点を重視していることがわかる。

2　身体化

2-1　宣言的知識と手続き的知識

これまで，熟達者の記憶力やものの見方について説明してきたが，ここでは熟達者たちの身体の動かし方について見てみよう。最初は頭で考えながら身体を動かしていたのに，慣れてくるにつれ，頭で考えなくても身体が動くようになったという経験はないだろうか。たとえば免許をとったばかりの人は，車を

発進させようとするとき，「まずはブレーキを踏んで」，「ブレーキを踏んだまま，シフトレバーをパーキングからドライブにして」，「ハンドブレーキを解除して」，「前後左右をミラーも使いながら目視して」，「右足をブレーキから外してアクセルに踏み替える」……と，いちいちすべき動作を頭で考えながらでなければ，身体を動かすことができない。しかし運転に熟達してくると，「車を発進させよう」と思うだけで，とくに具体的な行動を意識しなくても，即座に手足や目が適切に動くようになる。若い人なら，スマートフォンのフリック入力を考えてみればよいだろう。操作に慣れないころは，文字を入力する際，一文字一文字，どのボタンをどの方向にフリックするのか頭で考えなければ入力できなかったのではないだろうか。それが今では，入力する言葉を考えるだけで，自動的に指が動いているのではないだろうか。

　このことは，宣言的知識が手続き的知識化したととらえられる。**宣言的知識**とは，言葉で言い表すことができる知識のことである。「三角形の内角の和は180度である」といったような，いわゆる知識はこの宣言的知識に当てはまる。そして**手続き的知識**とは，身体で覚えていて言葉で言い表すのは難しい知識のことである。車の操作のし方を言語を使って考えているうちは，知識が宣言的知識の段階にあると言えるが，実際に身体を動かす経験を積むことで，その知識が手続き的知識の段階に移行し，頭で考えずとも身体が動くようになるのである。

2-2　身体知

　手続き的知識は，たんに以前は言語化して考えていた行動を意識的に考えなくてもできるようになる，ということだけでなく，もっと豊富な情報を含む知識である。

　たとえば，自転車に乗ることを例に考えよう。「サドルにまたがる」，「ハンドルを両手で握る」，「自転車を地面に垂直になるよう整える」，「ペダルに片足をかけ，ぐっと力を込めてこぐ」，「自転車が動き出したと同時に反対の足を地面から離し，ペダルにかけてこぐ」といったことを頭で考えなくても，「自転

車を発進させよう」と思えばこのように身体が動くようになる，これが宣言的知識が手続き的知識になったということであり，熟達である。

　しかし自転車に乗れるようになるためには，こういった手続き的知識だけでは不十分である。たとえば，自転車に乗っている最中，バランスを崩さずに進み続けるためには，左右の腕への力のかけ方を調整し続ける必要がある。自転車が右に傾きそうになったら左腕に力を入れ，左に傾きそうになったら右腕に力を入れ，また，自転車が道を曲がるときにも，その曲がる角度やそのときのスピードによって，左右の腕にかける力を調節していく。身体が何度傾いたら，腕の力を何パーセント強くする，ということが言語化できるわけではない。言語化できないけれど，身体で知っていてそのように身体を動かすことができる。これも手続き的知識である。

　実際のところ，私たちが行っているのは環境との間の即時的なインタラクションである。腕への力のかけ方を変化させると，自転車の傾きが変化する。私たちはその自転車の傾きの変化を即座に感じ取って，力のかけ方が足りなければ腕にさらに力を入れたり，力をかけすぎて反対側に傾きかけたら即座に逆の腕に力を入れたり，そしてそのことで変化した自転車の傾きを即座に感じ取って腕への力のかけ方を変化させ……ということをくり返して，できるだけ自転車が垂直になるようバランスを取り続けているのである。私たちは当たり前のように自転車に乗っているが，じつはこのような高度なことをつねに行っている。このような，身体を動かすことで身につけた，身体の動かし方についての感覚やコツのようなものは，**身体知**とも呼ばれる。

2-3　下位技能の自動化

　初心者は，身体を動かす際の知識が宣言的知識の状態であるため，身体を動かす手順を頭で考えながらでしか身体を動かせない。また，身体知も充分に身についていないため，環境とインタラクションしながらスムーズに身体を動かすことができない。一方熟達者は，手順を一つひとつ頭で考える必要もなく，また，環境の変化に応じて身体の動きを調節しながらスムーズに行動すること

第6章　学習の熟達と身体化

図6-4　初心者と熟達者のワーキングメモリの模式図

ができる。このことは**下位技能の自動化**と呼ばれる。

　下位技能とは，一つの技能を構成している数多くの小さな技能のことである。「自転車に乗る」という技能について言えば，「ペダルをこいで速さを調節する」，「腕にかける力を調節して自転車が倒れないようにする」，「周りを見て人や車にぶつからないようにする」といった一つひとつの細かい技能が下位技能である。熟達するにつれ，身体知・手続き的知識が身につくことによって，これらの下位技能を自動的に行うことができるようになるのである。

　下位技能が自動化すると，技能の遂行中，下位技能を行うために必要なワーキングメモリの量が減り，ワーキングメモリに余裕ができる。**ワーキングメモリ**とは，脳の中で一時的に情報を保持しながら，同時に知的な活動を行う機能のことである。たとえば私たちは推理小説を読むとき，登場人物の名前や性格，起こった事件の内容などを覚えておきながら，文章を読んでその内容を理解したり，驚いたり怖くなったりなどという感情を感じたり，犯人は誰だろうかと推理したり，という知的な活動を同時に行っている。人のワーキングメモリには容量に限度があるため，あまりに登場人物が多かったり話が複雑だったりすると，登場人物の記憶に失敗して，読みながら何度も前のページに戻って確認したり，文章理解がおろそかになって話の筋を追えなかったり，ということが起こるかもしれない。

　初心者は下位技能を遂行することだけでワーキングメモリがいっぱいになるため，それ以外のことに頭を使うことができない。一方熟達者は，下位技能が自動化し，下位技能にワーキングメモリの容量が取られないため，別のことにワーキングメモリを使うことができる（図6-4は模式図）。車の運転の初心者は，ハンドルやブレーキ・アクセルの操作，信号や標識の確認，通行人や他の車の

位置確認などの下位技能だけでワーキングメモリがいっぱいになるが，運転経験を積むにつれ，そういった下位技能が自動化してワーキングメモリに余裕ができることで，運転しながら同乗者と話をしたり，かかっている音楽に合わせて歌を歌ったり……ということができるようになるのである。

　そしてこのことこそが，熟達者の創造的なパフォーマンスを可能にする。たとえばサッカー選手は，ドリブルをしながら速く走る，ドリブルをしながらボールの方向を変えて敵を避ける，といった下位技能にワーキングメモリを取られないからこそ，ドリブルして走りながらも敵選手・味方選手の位置に目を配り，作戦を考え，タイミングを図って味方にパスを出すことができるのである。商品のレジ打ちや包装に熟達した店員は，レジ打ちや包装といった下位技能にワーキングメモリを取られないからこそ，レジ打ちや包装をしながら客に笑顔を見せ，会話をし，待っている客がどのくらいいるかにも目を配って対応することができるのである。そして，熟達者が道具を意識することなく自由自在に使っているとき，その道具はまるで熟達者にとって身体の一部のようなものであり，**身体化**されていると言える。

3　熟達者になるには

3-1　熟達者と暗黙知

　熟達者たちは，長年の経験により豊富な知識を持っているため，自分の熟練した分野に関係するものを見聞きしたとき，知識をもとにしてチャンクを作って，素早く大量の情報を正確に記憶することができる。また，問題解決をする際に必要な情報を見逃さないようにするため，必要な情報がどこに現れるのかを理解してそこから目を離さない。そして表面的な情報に惑わされず，問題解決に真に重要な情報を重視してものを見ている。身体を動かす際には，頭で考えなくても動作の手順が身に沁みついており，自動的に身体が動くし，その際には身につけた豊富な身体知によって，環境に合わせながら動きを調整していくことができる。また，そういった下位技能に使うワーキングメモリの容量が

少なくて済むため，同時に様々なことに目を配ったり考えたりすることができる。

　これらは，プロスポーツ選手や世界的な芸術家のような超一流と呼ばれる熟達者たちだけでなく，日常生活での活動の中でも見られる熟達の特徴であるし，社会の中で働く様々な職業人の，仕事を通じての成長にも共通している特徴である。たとえば心理職においても，熟達者はクライエントの様子を見るときに，キャッチしたい情報を逃さないように重要なシグナルを見逃さない，言葉や表情にクライエントの本心が出る場合もあればそうでない場合もあるだろうけれど，表面的な情報にとらわれずに真に重要なことを見抜く，クライエントの話を心から聞いて理解するということを行いながらも，そのことだけにワーキングメモリをすべて使うのではなく，同時にクライエントの様々な様子に目を配ったり，今後の対応を思案したり，ということができる，などということがあるかもしれない。

　そしてこのような熟達者の特徴は，すべて知識に支えられている。チャンク化ができるのも知識のおかげであるし，どこを見ればよいのか，何を重視して見ればよいのかがわかるのも知識のおかげである。下位技能の自動化を支えているのも，豊富な手続き的知識や身体知である。そしてこれらの知識はすべて，言葉で語ることのできない**暗黙知**の状態であることが熟達者の特徴である。たとえば熟練した考古学者は土器の輪郭を見るという話を紹介したが，「輪郭を見よう」と意識して見ているわけでなく，土器を見ると自然と目が輪郭をなぞっているという状態であるため，熟達者に「どこを見ていましたか」と聞いても，はっきりと，どこを，どういう理由で見ていたのかということが言語化されることは少ない。手続き的知識や身体知なども当然言葉で言い表すことは難しい。

　つまり，熟達者が身につけてきたものは，教科書などを通じて言語を介して学ぶことは難しいのである。熟達者が初心者に技を教授する際に，身体知を伝えようとしてしばしば**わざ言語**を使うことが知られている。これは，熟達者が感じている身体感覚をできるだけそのまま伝えようとして表現される，その分

野に独特の言葉であり，たとえば歌舞伎役者が踊りの中で「指先を目玉にしたら」とアドバイスをもらう（生田，1987）ことなどが例として挙げられる。このように，言葉を介して技を伝えようという試みは日々の技の伝承の中で行われてはいるものの，初心者にはまず「指先を目玉にして踊る」ということが何を意味していて，どのように踊ることなのか理解が難しく，言葉を介しての技の伝承は簡単ではないと言える。

3-2　10年修行の法則

　熟達者の技を身につけるためには，ただテキストを読む，熟達者の話を聞く，といういわゆる座学のみでは無理がある。実際に，実践経験を積まなければ，熟達者がもつような豊富な暗黙知は身につかないのだ。エリクソン他（Ericsson, Krampe, & Tesch-Romer, 1993）は，様々な分野の熟達者について調べ，どんな分野であっても，世界レベルの熟達者となるには，最低でも10年間の日々の鍛錬が必要であるとした。このことを**10年修行の法則**という。熟達者になるためには，長期間の実践経験が必要なのである。

　それではその10年の期間，どのような質の経験を積めばよいのだろうか。

3-3　よく考えられた練習

　エリクソン他（Ericsson et al., 1993）は，一流の熟達者になるためには，ただやみくもに経験を積むのではなく，そのときの自分のレベルにあった練習を行い，またその練習がどうであったのか十分な**フィードバック**を受け取り，自分のパフォーマンスを適切に修正できるような，**よく考えられた練習**を行う必要があるとしている。また，生田（1987）は，その分野の熟達者たちが生活し，技を発揮する場に入り込んでその場に居合わせることで，熟達者たちのすぐれた技だけでなく，その技を生み出す態度や考え方，生活のし方，立ち居振る舞いなどの雰囲気を肌で感じ，身につけていくことの重要性を指摘している。

　ただ何も考えずに反復練習をくり返したり，受け身な態度で学習するのでは，長期間の学習を積んでも熟達者になるのは難しいのだろう。熟達者になるため

には，今どのような練習を行うべきかを考え，自分自身の現在のパフォーマンスをふり返って何が足りないか，どうすべきかを考え，熟達者たちにアドバイスを求め，また，周りの熟達者たちの様子を積極的に観察して学ぶ，積極的な態度での学習経験を積まなければならない。熟達者になるためには，長期間の自律的な学習が必要であると言える。

> ❖考えてみよう
> 多くの人は小・中・高（および大学）を合わせて10年以上の生徒としての経験があるだろう。その中で熟達してきたものは何だろうか。それはどんな過程を経て身についてきただろうか。また，10年以上の学校生活を経ていまだに熟達しないものは何だろうか。それはなぜ十分に身につかないのだろうか。

もっと深く，広く学びたい人への文献紹介

今井 むつみ・野島 久雄・岡田 浩之 (2012). 新・人が学ぶということ——認知学習論からの視点—— 北樹出版
　☞この本では，認知科学・認知心理学の視点から，現実場面ですぐに使える状態の「生きた知識」を学習するとはどういうことなのかを問い直している。第7章が熟達に関する内容で，様々な研究例を紹介しながら，初心者と熟達者の違いをわかりやすく説明している。

生田 久美子・北村 勝朗（編著）(2011). わざ言語——感覚の共有を通しての「学び」へ—— 慶應義塾大学出版会
　☞「わざ」の習得における「わざ言語」の効用について，理論と実践の両面からとらえようとしている本である。スポーツ・伝統芸能・医療場面といった実践場面での報告も多く含められ，応用的な内容となっている。

引用文献

Augustin, M. D., & Leder, H. (2006). Art expertise: A study of concepts and conceptual spaces. *Psychological Science, 48*, 133-156.

Chase, G. W., & Simon, H. A. (1973). Perception in chess. *Cognitive Psychology, 4*, 55-81.

Chi, M. T. H., Feltovich, P. J., & Glaser, R. (1981). Categorization and representation of physics problems by experts and novices. *Cognitive Science, 5*, 121-152.

Ericsson, K. A., Krampe, R., & Tesch-Romer, C. (1993). The role of deliberate practice in the acquisition of expert performance. *Psychological Review, 100*,

363-406.
Hekkert, P., & van Wieringen, P. C. W. (1996). Beauty in the eye of expert and nonexpert beholder: A study in the appraisal of art. *American Journal of Psychology, 109*, 389-407.
生田 久美子(1987).「わざ」から知る 東京大学出版会
伊藤 毅志・松原 仁・Grimbergen, R.(2001). 空間的チャンクから因果的チャンクへ GPW '01 ゲームプログラミングワークショップ(今井 むつみ・野島 久雄・岡田 浩之(2012). 新・人が学ぶということ 北樹出版より)
Kato, T., & Fukuda, T. (2002). Visual search strategies of baseball batters: Eye movements during the preparatory phase of batting. *Perceptual and Motor Skills, 94*, 380-386.
時津 裕子(2007). 鑑識眼の科学 青木書店

第7章 学習への動機づけ
——内発と外発の統合による自律へ

伊田 勝憲

> **動機づけ**とは，行動を引き起こしたり，持続させたりする過程や機能のことを指す。日常的には「やる気」や「意欲」と表現されているが，動機づけという場合には，その強弱のみならず，行動の理由という質的な側面も重視される。学習，すなわち行動の変化には，動機づけの変化が伴っていると考えることができる。本章では，学校教育をはじめとする様々な場面で適応的行動との関連が研究されている内発的動機づけの概念を切り口として，児童生徒や大人のクライエントが自律的に行動できるようになるためにはどのようなかかわりや支援が期待されるかについて，自己決定理論の枠組みと，感情の役割，さらにはアイデンティティとの関連等を含めて考えてみたい。

1 内発的動機づけと外発的動機づけ

1-1 内発的動機づけとは——目的性—手段性，感情，自己決定

動機づけの質的な分類としてもっとも広く知られているのが，**内発的動機づけ**と**外発的動機づけ**である。その字面からは，自分の内面から湧き上がる意欲か，自分の外側である他者から強制されている意欲かという印象を受けるが，心理学的な研究では，いくつかの観点から内発と外発を区分している（鹿毛,1994）。

まず，比較的よく用いられているのが，行動それ自体が目的となっているか，それとも行動が何らかの報酬を得たり罰を避けたりする手段となっているかに

よる目的性―手段性による区別である。ある行動をすることが楽しいとか面白いと感じていて、行動それ自体の中に報酬が含まれているような場合は、内発的動機づけと考えられる。一方で、ある行動をすることによって報酬がもらえたり罰を避けたりできるという場合、あくまで随伴している賞罰が目的であり、そのための手段として行動が位置づけられるので、外発的動機づけとなる。

二つめには、感情による区分が挙げられる。内発的動機づけの場合には、知的好奇心がその土台にあると考えられ、行動によって新奇な発見があったり問題（動物実験の例ではパズルなど）が解決したりするなどの変化の結果としてポジティブな感情が経験されるだろう。スポーツやビジネスなど幅広い分野の研究で知られるチクセントミハイ（Csikszentmihalyi, M.：1934-　）の**フロー**の概念は、自分の能力とつり合った挑戦的なものごとに深く没頭している際に経験される内発的動機づけの感情面に着目したものと言える。一方で、外発的動機づけの場合、典型的には賞罰によって仕方なく行動するような場面が想定され、結果としてストレスを感じたり、やりたくないという気持ちとの葛藤を経験したりするなど、ネガティブな感情を経験しやすいように思われる。

三つめには、**自己決定**による区分が挙げられる。文字通り、自分の行動を自分で決定できている場合が内発的動機づけであるのに対して、他者から言われて仕方なく行動したり強制的に何かをさせられたりする場合は外発的動機づけということになる（**自己決定理論**[1]）。これは**因果律の所在**による区分とも言われ、自分の行動の原因が自分の内側にあるのか、それとも外側にあるのかという視点は、字面の印象とも一致するように思われる。

ただし、これら三つの区分は必ずしも相互に一致するとは限らない。たとえば、Aさんは大学に進学したいということを「自己決定」しているとする。しかし、その大学の受験教科に含まれている特定の教科がどうしても好きになれない。苦手教科の勉強では「ネガティブ感情」が経験されていて、受験で合格

➡ 1　自己決定理論：デシ（Deci, E. L.）とライアン（Ryan, R. M.）らによる行動の自己決定性を重視する理論体系の総称。本章で紹介する有機的統合理論や目標内容理論など、代表的なもので五つほどのミニ理論が構築されている。

するための「手段」として割り切って勉強しているので外発的動機づけと言えそうである。やがてAさんは，嫌々ながら勉強するよりも，この苦手教科の勉強をゲーム感覚で楽しくこなせるよう自分でルールを決めて自分にご褒美を用意するという工夫を始めた（**自己強化**）。しかしながら，このような工夫による「ポジティブ感情」の経験は，勉強の内容それ自体によって知的好奇心が満たされる本来の内発的動機づけとは少し違うようにも思われる（これを疑似的な内発的動機づけと呼ぶ研究者もいる）。

あるいはBさんは，自分の不登校経験を生かして，かつての自分と似た厳しい境遇に置かれている人たちの支援をしたいと思い，その目的の実現のために社会福祉を学んでいる。不登校の人を支援することが目的であって，その実現のための「手段」として社会福祉を学んでいるので，外発的動機づけのようにも思われる。しかしながら，支援するという目的自体は自分の生き方に根ざして「自己決定」されていて，しかも支援対象者をより深く理解したり，誰かの役に立てたりすることに喜びや生きがいを見出しているとしたら，その「ポジティブ感情」という点で内発的動機づけと言えるだろう。

1-2　有機的統合理論——内発と外発の連続性と統合的調整

前項で見たように，内発的動機づけと外発的動機づけの境目は，掘り下げて考えると曖昧なところがあると同時に，内発と外発はある程度連続した概念であるとも言えるだろう。一方で，掘り下げて考えることで，クライエントの動機づけが多面的・多角的にとらえられ，臨床的にも意味のあるものとして見えてくる可能性がある。そして，同じ人であっても，時間の経過とともに，動機づけの質は変化すること，それに伴って行動が変化するという意味で学習としてとらえられること，そして動機づけの変化はまさに動機づけの発達として見ることもできるように思われる。

こうした動機づけの質の多様性や変化をとらえるのが，**自己決定理論**の枠組みにおけるミニ理論の一つとして知られる**有機的統合理論**である。これは，目的性一手段性の考え方と自己決定性の程度を組み合わせて内発と外発を連続的

非動機づけ Amotivation	外発的動機づけ Extrinsic Motivation (行為が手段となっている)				内発的動機づけ Intrinsic Motivation (行為それ自体が目的)
無調整 Non-regulation	外的調整 External Regulation	取り入れ的調整 Introjected Regulation	同一化的調整 Identified Regulation	統合的調整 Integrated Regulation	内発的調整 Intrinsic Regulation
動機づけの欠如 Lack of Motivation	統制的動機づけ Controlled Motivation		自律的動機づけ Autonomous Motivation		
←相対的自律性 低 Lowest Relative Autonomy					相対的自律性 高→ Highest Relative Autonomy

図7-1 有機的統合理論の枠組み

(出所) Ryan & Deci (2009) をもとに筆者作成

にとらえるもので、具体的には、手段性を特徴とする外発的動機づけの中にいくつかの区分を設け、まったく動機づけがない状態も合わせて図式化されている (Ryan & Deci, 2009：図7-1)。

　一番左側の無調整（非動機づけ）は、文字通り動機づけが生じていない状態である。行動が手段として位置づけられている外発的動機づけの中でもっとも自己決定の程度が低いのは**外的調整**で、強制的に行動させられている状態を指している。次の**取り入れ的調整**は、言われる前に行動するなど内面化が進み始めているが、罰を受けることへの不安があるなど、自己決定の程度はまだそれほど高くはない。次の**同一化的調整**では、その行動が自分にとって大事なことであるという認識が生じるなど、価値の内面化がさらに進み、自己決定の程度が高くなっていると考えられる。そして**統合的調整**は、行動が何らかの目的を達成する手段である点においては外発的動機づけの枠に含まれているが、その人の生き方や価値観の全体、すなわち**アイデンティティ**の中でその行動が意味づけられている状態を指し、一番右側の内発的調整（行動それ自体が目的である点において内発的動機づけ）と同程度に自己決定の程度が高いと考えられている。

　これらの調整のうち、自己決定の程度という視点から、同一化的調整、統合的調整、そして内発的調整の三つをまとめて**自律的動機づけ**と呼ぶことがある。それに対して、外的調整と取り入れ的調整の二つは**統制的動機づけ**と呼ばれる。ここで注目されるのは、同一化的調整と統合的調整は、外発的動機づけであり

ながら自律的動機づけとされていることである。前項で例示したAさんの場合，大学受験のために苦手教科にも取り組んでいる様子は，おそらく同一化的調整として解釈できるだろう。大学進学自体は自己決定しており，その実現のために秘策を繰り出して受験勉強を楽しくこなす工夫をしているのは，勉強の価値の内面化が進んでいるからだと考えられる。しかし，受験終了後には目的達成となってしまい，その内容の勉強は継続されないかもしれない。一方のBさんの場合は，自分の過去の経験が**キャリア・アンカー**（進路選択の際にもっとも重視される譲れない価値観や欲求）として機能し，その経験にもとづいて将来の職業が選択され，その仕事の内容に直結する学びが意識されている様子は，まさにアイデンティティに根ざしている行動である点で統合的調整と言える。そして，実践につなげるべく将来にわたって学び続ける姿を容易に想像できる。

　ここでの留意点は，内発的あるいは自律的動機づけを過度に理想視するあまり，外発的あるいは統制的動機づけで行動するクライエントの「今ここで」の動機づけを否定しないことである。たとえば，臨床教育学者の田中（2002）は，再登校や進学を考え始めた不登校の子どもたちにとっての「基礎学力」がもつ意味に着目しながら，受験学力がもつ交換価値のような制度的意味が本来は他律的であったとしても，学習者にとって自分が将来に向けて学習しているという事実それ自体が精神的な支えにもなり，実存的意味へと転化しうることを指摘している。とくに取り入れ的調整から同一化的調整への過渡期には，理想とする到達点（内発的動機づけや統合的調整など）を性急に求めるのではなく，息の長いプロセスを見通して，小さな一歩の中にも大切な意味を見出す伴走者としてクライエントを支えるようなかかわりが期待されるだろう。

1-3　アンダーマイニング効果──報酬の制御的機能と情報的機能

　内発的動機づけが望ましいと言われてきた背景には，「報酬」の悪影響を懸念する見方が強かった。1970年代以降の様々な実験では，物理的な報酬（典型的にはお金やその代替物）が内発的動機づけを低下させることが見出され，**アンダーマイニング効果**と呼ばれてきた（Deci, 1971）。"undermine"には語源的

に土台を掘り崩すという意味があり，まさに報酬が内発的動機づけの土台にある知的好奇心を掘り崩して台無しにしてしまうことを表現している。

　そのメカニズムは次のように説明される。ある行動（たとえば幼児が絵を描いて遊ぶ）への内発的動機づけがもともと高く，その行動それ自体が目的になっている状況で，上手にできたら報酬がもらえると周囲（たとえば教師などの大人）から予告されることによって，その行動は報酬を得るための手段として位置づけられ，動機づけは内発から外発へと変化することになってしまう。その結果として，報酬を得た時点で目的は達成されたことになり，それ以上その行動をする必要がなくなってしまう。

　ただし，報酬の存在を予告されていない場合や言語的な報酬（たとえば「かわいい絵だね」などの声かけ）が与えられた場合には，その行動への内発的動機づけは損なわれないか，むしろ高揚することもある。これは，報酬に二つの機能があることから説明できる。一つは相手の行動をコントロールするという**制御的機能**であり，もう一つは相手が有能であることを伝える**情報的機能**である。予告された物理的報酬は制御的機能を，予告なしの場合や言語的な報酬は情報的機能を発揮しやすかったと解釈することができる。

　問題はここからである。現実の世の中は，受験にしても仕事にしても報酬の予告に溢れている。そもそも，合否判定基準や給与体系等についての予告がないとしたら，受験勉強や雇用契約が成り立たなくなってしまうので，予告なしや言語的報酬が望ましいという機械的な理想論を唱えても現実的ではない。したがって，報酬が予告されている状況下において，人はいかに自律的動機づけを持ち続けられるのかを探ることこそが心理学の本来の役割である。アンダーマイニング効果に関する実験では，その手続き上，外的調整と内発的調整という両極が対照的に取り上げられるが，その中間に位置する同一化的調整や統合的調整は，報酬の持つ情報的機能によってむしろ豊かに支えられ，結果として自律的動機づけが持続する可能性も考えられる。次節以降では，この情報的機能が優位になる諸条件として，人間の持つ基本的な欲求や人生の目標，さらには成功や失敗という結果に対しての原因帰属に着目してみたい。

2 自己決定理論のさらなる展開

2-1 基本的心理欲求理論——自律性，有能さ，関係性

　外発から内発への移行を可能にする条件として注目されるのが，**基本的心理欲求理論**における三つの欲求，すなわち，**自律性**への欲求，**有能さ**への欲求，そして**関係性**への欲求である（Ryan & Deci, 2000）。自律性への欲求は，行動について自己決定したい，主体でありたいという思いであり，有能さへの欲求は，課題遂行を通して自分が何かを成し遂げる有能さを持っていて，無力な存在ではないということを実感したいという傾向であり，関係性への欲求は，重要な他者とつながったり良好な関係を構築・維持したりしたいという気持ちのことを指している。基本的心理欲求理論では，これら三つの欲求が満たされることにより自己実現や精神的健康，幸福感などにつながると仮定されており，より内発的あるいは自律的な動機づけへと移行することが期待される。それぞれの欲求が充足されるような支援のあり方について順に掘り下げてみたい。

　まず自律性への欲求では，自己決定できる条件を整えること，具体的には選択肢を提示してクライエントに選んでもらう機会を提供することが考えられる。その場合，選択肢の数が多過ぎると選ぶこと自体がストレスになることに注意が必要である。経済学では，選ばれなかった選択肢を仮に選んでいた場合に得られたはずの利益を機会コストと呼び，選択肢の数が多いほど機会コストも増大するので，選択が困難になったり後悔したりすることが知られている。よって，選んでもらうにしても，必要に応じてある程度の選択肢の絞り込みを考えるべきである。また，選択の機会は様々なところにあるので，いきなり重大な決断を迫るということではなく，日常の小さな選択の機会を大事にして，たとえば不登校傾向の児童が学校に来て玄関で足がすくんでいる場合，最初の1時間をどこで過ごすか，別室にするか教室にするかを問いかけるなど，本人の迷いにも寄り添いながら，選択を尊重するかかわりが考えられる。いずれにしても，課題を選択する権利が行為者に与えられたり，やりたくないという意思も

尊重されたりする条件ならば，上述した報酬の制御的機能は限定的であり，むしろ情報的機能の方が働きやすいと思われる。

有能さへの欲求では，他者との比較による優劣ということではなく，本人にとって達成感のある課題を提示し，成功体験を積み重ねていくことが支援策として考えられる。もちろん，易しすぎる課題の提示はクライエントを尊重していることにはならないので，いくつかの選択肢を提示する際に**最適水準**の課題を含められるかどうか，**発達の最近接領域**を生み出すような**足場かけ**が鍵になるだろう（第9章も参照）。たとえば，必要に応じて他者への援助希求を認めたり，本人の意思で活用可能な支援ツールを提供したりするなどの工夫が考えられる。本人が課題に取り組みやすくなることで，課題遂行の成績もよくなり，自分が有能であると実感する機会が得られると同時に，報酬が与えられた場合であっても，その報酬は文字通りに本人が有能であることを示すものとして受け止められ，情報的機能が発揮されると推測される。

関係性の欲求では，本人の持つ関心事に寄り添い，一緒に楽しむことが大切になる。とくに，言語的報酬のもつ機能は，誰から声をかけられるかという関係性の視点から考察することができるだろう。すなわち，関係性が好ましくない状態であれば，褒め言葉であってもそこに不信感を抱いてしまい，制御的機能が働きやすくなるかもしれないが，良好な関係性のもとでは額面通りに受けとめられて情報的機能が働く可能性が高くなるだろう。このように考えると，心理臨床で重視される**ラポール**（信頼関係）もまた，クライエントの動機づけを左右する条件として捉え直すことができるだろう。

2-2　目標内容理論——内発的目標と外発的目標

動機づけの分析単位は「行動」であったが，近年では，上述した自己決定理論における新しいミニ理論として**目標内容理論**が提唱され，複数の行動を束ねている人生の目標，すなわちその人の生き方や価値観についても内発と外発が区分されている。**内発的目標**は，自己の成長，健康，所属，そしてコミュニティへの貢献といった内容であるのに対して，**外発的目標**は，名声や経済的成功，

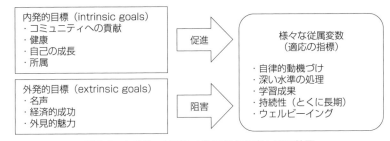

図7-2　内発的・外発的人生目標の内容とその効果
（出所）Vansteenkiste, Lens, & Deci（2006）を参考に筆者作成

外見的魅力といった内容とされている。興味深いのは，内発と外発の両方の目標を持っている場合よりも，内発的目標だけを持っている場合の方が，行動への自律的動機づけや学習方略の使用（深い水準の処理），持続性，そして**ウェルビーイング**（主観的幸福感）などの適応指標が高いということである（Vansteenkiste, Lens, & Deci, 2006：図7-2）。すなわち，外発的目標は適応指標に阻害的に働き，内発的動機づけの促進的な働きを相殺してしまう。加えて，内発的目標の特徴は，それまでの内発的動機づけの概念を越えて，自分が楽しいとか面白いと感じることに止まらず，他者・社会にとっての利益まで見通されている点にあり，外発的目標の内容が自己の利益にのみ固執していることと対照的である。

　ゆえに，内発的目標の内容について，その価値を伝えるメッセージが重要であると考えられる。学校教育の場面であれば，各教科等の個々の授業がわかりやすいことも大切であるが，同時に，各教科以外の時間において，キャリア教育が豊かに展開されていること，しかもたんに世の中でうまく生きていくという本人の利益を追求するというよりも，他者の役に立つことや自分も含むコミュニティへの貢献が重要であるというメッセージを伝え続けることが大切になる。また，利益追求が優先されがちな職場等の組織のマネジメントにおいても，顧客にとっての利益に着目することによって，たんに自分あるいは自社の利益にのみ固執する外発的目標に陥らずに済むかもしれない。

　ただし，実践的に考えるならば，前節で述べたように，外発的目標だからと

言ってそれを否定しないことは大切である。また，外発的目標を抱いている人に対して否定的評価を下しても何か問題が解決するわけではないことに留意しなければならない。名声や経済的成功等に強くこだわっているクライエントには，そうせざるを得ない背景や経験が隠されているはずであり，逆に，内発的目標のみが高い人たちは，そもそもマズロー（Maslow, A. H. : 1908-1970）の**欲求階層説**[2]が示すような承認欲求や安定的な生活基盤が充足されているからこそ，あえて外発的目標を抱く必要がないだけの話かもしれない。ゆえに，外発的目標へのこだわり自体を臨床的な見立てとして活用し，そのこだわりへの**共感的理解**を深めつつ，ラポールを形成する中で内発的目標を培っていくような受容的かかわりが支援として大切になると考えられる。

3 認知と感情の両面から支える自律的動機づけ

3-1 動機づけを高めるには——原因帰属の視点

やる気や意欲といった一般的な意味にもっとも近いと思われる心理学の概念は，何かを高い水準で成し遂げたいという**達成動機**であると思われる。本章のまとめとして，達成動機に関する考え方を取り上げ，実践上の課題を明確にしたい。

ワイナー（Weiner, B. : 1935- ）は，この達成動機に影響を及ぼす考え方として，課題に取り組んで成功または失敗したという場合の原因がどこにあったと考えるかという**原因帰属**に着目した。具体的には，時間的に変わりづらい安定した要因であるか否か，自分の内側にある要因であるか外側にある要因であるかに着目し，この2次元を組み合わせて，内的で安定している能力，内的で不安定な努力，外的で安定している課題の困難度，そして外的で不安定な運とい

➡ 2　欲求階層説：生理的欲求と安全欲求（生得的欲求），所属・愛情欲求と承認・自尊欲求（社会的欲求）の計4層を欠乏欲求として位置づけ，下位の欲求が充足されると次の欲求が優勢になってくると考える。最高次の自己実現欲求は，成長欲求とも呼ばれる。

う四つの帰属先を整理した。

　その後，統制可能性（自分で変えられるかどうか）という三つめの次元を加えて理論が発展しているが，基本的な考え方としては，内的で不安定，すなわち自分で変えられる要因としての努力帰属がその後の動機づけを高めると考えられている。すなわち，成功したのは努力したからだと考えれば，次も成功に向けて努力を継続しようと思いやすく，また，失敗したのは努力不足だったからだと考えれば，次は成功に向けてもっと努力しようという気持ちになるかもしれない。逆に，内的で安定した能力に帰属すると，失敗したのは自分の能力が低いからだと考えてしまい，これ以上努力しても無駄であると思い，次の課題への意欲が湧いてこないように思われる。ゆえに，失敗時に能力に帰属するくらいならば，今回の課題が難しかった，あるいは今回たまたま運が悪かったと考えた方が，次へのダメージは少ないかもしれない。

　このように，一般的には**努力帰属**が望ましいと言われ，統制可能な要因として描かれているのだが，本当に「努力」は成功や失敗の原因なのか，よく考えると「努力」自体も結果の一つに過ぎないのではないか，そもそも「努力」が統制可能だと考えること自体が幻想に過ぎないのではないかといった見方も実践場面では必要かもしれない。そもそも努力しづらい過酷な環境の中で苦戦しているクライエントを前にして，「あなたの努力が足りない」と自己責任論で説諭するだけで問題は解決するのだろうか。本来は児童生徒のみならずその保護者への支援も必要であるのに，保護者の苦戦の姿を見ないままに親としての責任だけを追及して追い詰めているケースはないだろうか。これもまた自己責任論の延長線上にある家族還元論に陥っていることに気づかなければならない。

　支援者としては，今の自分の立場があることは，たしかに努力の結果かもしれないが，しかし，その努力を可能にした様々な要因の重なりは偶然の賜物であったかもしれないことにも内省的に目を向けてほしい。実際には努力を可能にする多くの他者からの支えがあったかもしれないということに思いを巡らせながら，今度は自分がクライエントを支える「他者」になるという視点から，あらためて自分の役割を考え，本章で取り上げてきた自律的な動機づけを高め

るような働きかけやかかわり方を実践することが期待される。

3-2　期待―価値理論と拡張―形成理論――まとめに代えて

　最後に，動機づけに関する認知的・価値的側面と，感情的側面に関する理論を紹介してまとめとしたい。まずは認知的・価値的側面について考えさせてくれる理論である。アトキンソン（Atkinson, J. W.：1923-2003）による**期待―価値理論**では，この課題に取り組んだ場合に予想される結果についてどう考えるかという主観的な成功確率（p）とこの課題で成功することにどのくらい意味があるかという価値（1−p）の掛け算によって達成動機の強弱が決まると考えられてきた。すなわち，成功する確率pが低い難しい課題ほど価値が高いことになり，成功か失敗か五分五分（p＝0.5）の場合に積が最大となる。ただし，それは**成功接近傾向**の強い人の場合であり，**失敗回避傾向**の強い人の場合は逆にp＝0（絶対に失敗する）かp＝1（絶対に成功する）の場合がもっとも安心して（恥をかかずに）取り組めることになる。しかしながら，価値を1−pで表現すること自体への批判があり，たとえ易しい課題であっても達成したときの喜びが大きい場合がありうること，前節で紹介したように，他者とのつながりやコミュニティへの貢献という目標内容理論の内発的目標の場合には単純に自分の成功や失敗だけではない関係性による価値づけがあることも視野に入れておきたい。

　そして，感情的側面に関する理論としては，フレドリクソン（Fredrickson, B. L.：1964− ）による**拡張―形成理論**が注目される。ポジティブな感情は思考や行動のレパートリーを一時的に拡張することが知られていて，その繰り返しが結果としてその人の資質・能力を形成し，定着させることにつながると考えられる。

　1節で苦手教科の勉強を工夫して楽しんでいるＡさんの例で述べた疑似的な内発的動機づけもまた，ポジティブ感情の経験によって，他律から自律へと学習の価値の内面化を促進するとともに，当初は教師等の他者によって喚起されていたポジティブ感情を今度は自分自身によって喚起したりするという形で，

感情の調整自体が価値の内面化と同時並行で進むという効果も期待されるかもしれない。その際，自律性，有能さ，関係性という三つの基本的心理欲求を満たすことがポジティブな感情の経験につながると考えられ，それぞれの欲求を満たすかかわりが当事者の成長につながるポジティブ感情を保障する支援策になるという視点からのとらえなおしもできるだろう。

　本章では，主に自己決定理論の枠組みを用いながら，クライエントの生き方に根ざした自律的動機づけを引き出す条件について探ってきた。具体的な応用領域としては，勉強や仕事のような日常的な行動のみならず，疾病の治療への動機づけをいかに高めるかといった課題など，臨床的な場面での実践も考えられる。その際，たんに望ましい行動を起こさせるのが支援なのではなく，クライエントの人生においてこの行動にどのような意味や価値があるのかをつねに考えることが求められるだろう。心理学における学習の概念は，行動の変化としてとらえられるが，そこにはそのような行動の獲得を必要とするような生き方を選択するという意味づけも考えられる。様々な心理学あるいは周辺諸学問を通して，学習＝アイデンティティ形成過程という視点から行動をとらえるとき，動機づけの理論がきっと役に立つのではないだろうか。

　アイデンティティは，過去・現在・未来という時間軸の連続性と，他者・集団や社会という空間軸の広がりからとらえることができる。一見するとネガティブな過去の経験であっても，現在そして未来とのつながりの中で，キャリア・アンカーとしての意味を付与することができるかもしれない。当事者による自助グループは，同様の困難を乗り越えた先輩が一つの**ロールモデル**になるとともに，自分の語り（**ナラティブ**）に対する聞き手である仲間からの承認によって新しいアイデンティティを形成することが可能になる居場所として機能することが期待される。近年はクライエントの治療意欲をいかに引き出すかという**動機づけ面接法**も注目されており，動機づけ研究のさらなる広がりに今後も注目したい。

❖考えてみよう

現在，学力の二極化が問題となっている。高学力層の子どもたちはなぜ勉強するのだろうか。また，低学力層の子どもたちはなぜ勉強しないのだろうか。そもそも勉強する動機は何だろうか。もしくは，勉強をするための動機を高めるにはどうしたらいいだろうか。

もっと深く，広く学びたい人への文献紹介

鹿毛 雅治（編）（2012）．モティベーションをまなぶ12の理論——ゼロからわかる「やる気の心理学」入門！—— 金剛出版
教育心理学の領域で動機づけ研究をリードし続けている編者の鹿毛氏をはじめ，気鋭の心理学者たちがわかりやすく最新の理論を紹介している。本章でも紹介した内発的動機づけと自己決定理論はもちろん，達成動機に関する理論や自己調整学習，無気力など，幅広い内容を網羅している入門書として，どの章からも読むことができる。

速水 敏彦（1998）．自己形成の心理——自律的動機づけ—— 金子書房
国内外の動機づけに関する理論を展望し，自己形成という視点から内発的動機づけを論じた先駆け的な書として位置づけられる。本章で紹介した疑似的な内発的動機づけについて，その問題点を指摘した論考が含まれている点でも貴重である。

引用文献

Deci, E. (1971). The effects of externally mediated rewards on intrinsic motivation. *Journal of Personality and Social Psychology, 18*, 105-115.

鹿毛 雅治（1994）．内発的動機づけ研究の展望　教育心理学研究, 42, 345-359.

Ryan, R., & Deci, E. (2000). Self-determination theory and the facilitation of intrinsic motivation, social development, and well-being. *American Psychologist, 55*, 68-78.

Ryan, R., & Deci, E. (2009). Promoting self-determined school engagement: Motivation, learning, and well-being. In K. R. Wentzel & A. Wigfield (Eds.), *Handbook of motivation at school* (pp. 171-195). New York, NY: Routledge.

田中 昌弥（2002）．臨床教育学は知育に何を提起するか　小林 剛・皇 紀夫・田中 孝彦（編）臨床教育学序説　第5部　臨床教育学のフロンティア　第1章（pp. 215-232）柏書房

Vansteenkiste, M., Lens, W., & Deci, E. (2006). Intrinsic versus extrinsic goal contents in self-determination theory: Another look at the quality of academic motivation. *Educational Psychologist, 41*, 19-31.

第Ⅱ部

言語心理学

第8章 言葉の発生の基盤
——言語はどこから来るのか

石井恒生

> 　言葉（言語）は間違いなく，人間の生活を支えるために不可欠なコミュニケーション手段である。多くの乳児は，1歳くらいになると言葉を話し始め，生後数年で豊富な会話ができるようになる。このような驚くべきという他にない変化を理解するためには，それを支えるメカニズムについて知ることが重要である。本章では，生物—心理—社会モデル（bio-psycho-social model）の観点から，言葉が生まれる基盤について考える。本章の内容を踏まえることで，子どもが言葉を獲得するためにはどのような支援が必要であるかを考える一助にもなるだろう。

1 言葉（言語）はどのように生まれるか

1-1 言葉とは

　最初に「言葉（言語）」とは何か，その性質について示しておく必要がある。一般的に言葉は，音声や文字などで表出される，コミュニケーションや知識の伝達に使用される手段であるととらえることができる。しかし，たとえば身振りや泣き声なども同様の機能を持つ。言葉は，以下のような特徴を備えていることが必要と考えられている。

　①恣意性：記号と意味の結びつきに必然性はない（りんごという果物を/ringo/と発音したり「りんご」と表記しないといけない明確な理由はない）が，その関係は社会的に規定されている。

②生産性：必要に応じて，新しい表現を無限に作り出すことができる。

　③超越性：時間や空間を超越して，今目の前にないことであっても表現することができる。

　④文化的継承性：言語そのものは遺伝的に規定されているのではなく，その話者を通して継承される。

　また，一口に「言葉を獲得する」といっても，そこにはいくつかの要素が存在する。ある対象を口に出して表出できる（音声として産出する）ことはもちろん言葉の獲得に含まれるが，言葉を文法的に正しく並べることができることもまた，言葉の獲得の側面の一つである。言語学や心理学では，言葉の構造を以下のようないくつかの領域に分けて考える。

・音韻論（phonology）：言葉の音に着目し，その機能や構造を分析する。
・形態論（morphology）：形態素（言葉において意味を持つ最小単位）の観点から言葉の構造を分析する。
・統語論（syntax）：語と語の関係（語順や語の配列など），文の構造などに着目する。
・意味論（semantics）：言葉の意味から言葉の特質を考える。
・語用論（pragmatics）：実際に使用される言葉の用法や，言葉と社会的文脈の関連を分析する。

1-2　言葉の学習論

　私たちの行動の多くは，経験から学習するものである（詳しくは第1章，第2章を参照）。こうした学習理論から見れば，言葉も他の行動と同様に経験から学習されたものとみなすことができる。

　スキナー（Skinner, B. F.）は，言葉の使用を行動の一種であると位置づけた（**言語行動**：verbal behavior）。子どもは他者に向けて発声を自発する（「ワンワン」）が，その発声に対して聞き手が反応する（「ワンワン大きいね」「そうだね」）ことによって強化され，その言葉を使用することができるようになる。また，子どもは他者が発する言葉に触れ，それらを**模倣学習**することによって

> **コラム　動物の「言葉」**
>
> 　言葉は人間だけのものだろうか。人間以外の動物も様々な手段を用いて個体間のコミュニケーションを図っている。動物が鳴き声をあげ，それに呼応して他の個体が反応する様子はあちこちで観察できる。ジュウシマツはさえずりで求愛行動を示す。ミツバチは「8の字ダンス」によって他のミツバチに蜜のある場所を知らせる。これらは人間でいうところの言葉の役割を担っているのではないか。
>
> 　ここでもう一度，言葉の特徴に立ち返ろう。あるコミュニケーション手段が「言葉」といえるためには「恣意性・生産性・超越性」が必要である。ジュウシマツのさえずりには文法が存在することが示されており（岡ノ谷，2016），生産性と呼ぶべき特徴が見られるが，その関係は生まれつき決まっており恣意性に欠ける。ミツバチのダンスも同様に恣意性を欠いている。また，そのダンスが新たな形をとることもなく，生産性を有しているとは言いがたい。他の動物のコミュニケーションはどうだろうか。
>
> 　しかし，動物のコミュニケーションと人間の言葉を比較することで，なぜ人間だけが言葉を使うことができるようになったのか，人間の言葉の特質とはどのようなものであるかなどについて知ることができる。このような研究は，進化言語学として発展しつつある。

語彙や発音，文法などを獲得する。

　スキナーは，言語行動をマンド（mand），タクト（tact），エコーイック（echoic）など，いくつかの種類に分類した。マンドとは要求言語であり，「ジュース」と発声するとジュースを飲むことができるように，発話によって要求が満たされるという機能を持つ。タクトとは叙述言語であり，犬が歩いているのを見て「ワンワン」と言うように，出来事や事物を表現する機能を持つ。エコーイックとは模倣言語であり，大人が「ワンワンだね」と言ったとき，その犬を指差す，または「ワンワン」と発声するような行動がこれに当たる。

　こうした考え方は，言語獲得過程を包括的に説明する理論としては多くの問題点を抱えている。一方でこうした考え方は現在では応用行動分析（Applied Behavior Analysis：ABA）の中に位置づけられ，障害児の言語指導などにおいて多くの成果を示している（詳しくは谷，2012を参照）。

1-3　言葉の生得論

　乳児を取り巻く言語環境は非常に多様であり，すべての乳児が同じ時期に同

じだけの言語刺激を受け取ることはありえない。また，乳児は大人が日常的に使う言葉すべてに触れるわけではなく，けっして文法的に正しい言葉ばかりを耳にするわけでもない。にもかかわらずほとんどの子どもは，（もちろん個人差はあるが）ある一定の時期になると言葉を自然に獲得しはじめ，生後数年で多くの語彙を身につけ，正しい文法に則った言葉を使えるようになる。それはなぜだろうか。その答えの一つとして，「私たち人間は，生得的に言葉を獲得するための基盤を備えているからである」というものがある。

　こうした言葉の生得性を主張した代表的な人物として，チョムスキー（Chomsky, N.）が挙げられる。チョムスキーは，人は生得的に**言語獲得装置**（language acquisition device：LAD）という心的器官を備えて生まれてくると仮定した。そこには**普遍文法**（universal grammar）が組み込まれており，他者が話す言葉がトリガー（引き金）となって普遍文法が機能することにより，言葉を獲得できるようになる。乳児が日本語の環境下で育てば日本語の意味や音声や文法を，スペイン語の環境下で育てばスペイン語の意味や音声や文法を獲得する。すなわちここで言う「普遍文法」とは，個別言語に存在する狭義の文法ではなく，あらゆる言語に共通しているルールを指している。この仕組みが生得的に備わっているために，乳児を取り巻く言語環境が多様で不完全な中でも，乳児は言葉を獲得することができる。チョムスキーのこれらの理論は多くの議論を引き起こし，言語獲得理論の発展に大きな貢献を残した。

　またピンカー（Pinker, S.）は，チョムスキーの理論をさらに発展させた言葉の生得論を展開している。ピンカーはとくに，言葉は文化として学習されるものではなく人間固有の生物学的機能の一つであること（ピンカーは「言語は本能である」と考えている），言葉は独立したモジュールとして生得的に組み込まれていることを強調している。

➡1　「人間の経験は限られているのに，経験したこと以上のことを知ることができるのはなぜか」というこのような議論を「プラトンの問題」と呼ぶ。

1-4 言葉の社会的相互作用論

　生得論に対して，言葉は実際のコミュニケーションの中で獲得されるという視点を重視する研究者も数多い。

　トマセロ（Tomasello, M.）は，人間が他の動物と大きく異なる特徴として，「他者の意図を推測する能力」，「パターンを発見する能力」の二つを挙げた。その中でもとくに他者の意図を推測し，情報や情動を共有する能力は，人間が高度な社会性を獲得し，それを基に他者との社会的関係を構築するために重要な役割を持つことを指摘している。

　トマセロは，これら二つの能力は人間の言葉の獲得においても重要な役割を果たすことを主張した。他者が発した新しい言葉を理解するためには，視線や表情などからその状況における話者のコミュニケーションの意図を推測し，それを手掛かりとして発せられた言葉の対象が何であるかを理解することが必要である。子どもは18か月ごろになるとそのような能力を身につけることができるが，それ以降言葉の獲得は急激に進む。また，大人が発する多くの発話の中から共通するもの，もしくは類似するものを抽出する能力，すなわちパターンを発見する能力が備わっていることで，子どもは文法を獲得することができるようになる。

　トマセロは自らの理論を，**用法基盤モデル**（usage-based theory：Tomasello, 2003）として発展させた。その中で，子どもはコミュニケーションの中から言葉を学習する強力なメカニズムを備えており，言語獲得装置や普遍文法の存在を仮定しなくても言葉の獲得は可能であることを主張した。

　またホリッチ（Hollich, G. J.）らは，言葉の獲得は乳児が生得的に持つ制約（3節参照）と環境の相互作用の結果として創発すると考え，言語獲得の**創発連立モデル**（emergentist coalition model）を提案している（Hollich, Hirsh-Pasek, & Golinkoff, 2000）。このモデルは，新しい語を獲得する際に子どもは様々な手がかりを使用するが，使用する手がかりは発達に伴い変化すること，新しい語を獲得するために使われる原理そのものが発達に伴い変化することを特徴としている。

ここまで言語獲得を説明する理論を三つの観点から概観してきたが，言葉の生得性を主張する論においても，普遍文法が機能するためには言葉に触れることが必要であることを認めており，その意味では環境の影響をまったく排除しているわけではない。同時に環境との相互作用を重視する論においても，言語獲得は様々な生得的な機能（たとえば人に対する感受性，制約など）に支えられていると考えており，生得的な影響をまったく排除しているわけではない。すなわち，言葉の獲得を「生得的か相互作用的か」という二者択一で議論することは必ずしも妥当ではないことに留意する必要がある。

2 言葉を生み出す生物的機構

2-1 視覚や聴覚の発達

乳児は周囲の他者が発する言葉を聴き，発せられた言葉が示す対象や他者の表情を見ることによって言葉を獲得する。そのため，言葉の獲得には視覚機能や聴覚機能の発達が前提となる。

乳児期における視覚機能の発達は，少なくとも聴覚機能と較べるとゆるやかである。胎児期に眼や脳，視神経といった視覚機構はある程度形成されるが，胎内には光刺激が存在しないため，胎児期にものを見ることはできない。そのため，出生直後の乳児の視力はきわめて低く，対象は相当にぼやけて見えている。視覚の解像度は，生まれてから光刺激を感受することによって徐々に上昇する。おおむね6か月ごろには視力は0.1前後にまで高まり，十分に対象を知覚できるようになる。

一方で，乳児期における聴覚機能の発達は比較的早い。受胎5～6か月ごろになると聴覚器官が形成されるようになり，外界からの音に反応する能力を持つようになる。母体内で胎児は血流音や心拍音だけでなく，母親の声や外界からの音を聞いている。新生児は人の発する音声とそれ以外の音（人工音など）を聞き分けたり，母親の声とそれ以外の声を聞き分けたりすることができる。また，乳児は出生後かなり早い段階から子音の違い（/pa/と/ba/など）を聞き

分けたり，言葉の違い（英語とフランス語など）を聞き分けたりすることもできる。

乳児は，生まれてからは主に母語を聞いて育つ。そのため，乳児は出生後しばらく経つと母語の音韻的特徴に対する感受性が高くなる一方で，母語には存在しない音をうまく聞き取ることができなくなる。たとえば，日本語を母語とする乳児は，生まれてからしばらくの間は日本語の音韻体系に存在しない音（/r/と/l/など）の弁別ができる。しかし，徐々に聞き取りの能力が日本語に最適化され，そのような音の弁別ができなくなる。このような変化は，乳児が徐々に母語に固有の音韻体系を獲得したことを示している（第9章1節も参照）。

2-2 言葉を生み出す脳機能

人間の知的機能は，大脳によって制御されている。大脳は脳梁などの繊維束を介して右半球と左半球に分かれており，両半球はそれぞれ優位な機能を持っている（大脳半球機能の**側性化**）。そのうち言語機能は，多くの人の場合は左半球に側性化していることが知られている。このうち，左半球の側頭葉に位置する**ブローカ野**と**ウェルニッケ野**という領域がとくに重要な役割を果たしており，この二つの領域を言語野と呼ぶ。ブローカ野は音韻の処理や音声の産出などに，ウェルニッケ野は言語の理解などに大きく関与している。ブローカ野とウェルニッケ野は，弓状束という神経繊維によって結ばれている。

言葉の獲得には**敏感期**（ある能力を獲得するために適した時期）が存在するのだろうか。この点についてレネバーグ（Lenneberg, E. H.）は，脳の損傷により失語を発症した子どもや大人がその後言葉を使用できるようになるまでの過程を元に議論している（レネバーグ，佐藤・神尾訳 1974）。それによると，幼少期に脳の損傷を受けた場合はその後言葉の使用能力は回復するが，思春期以降に脳の損傷を受けた場合は完全には回復しない。これをレネバーグは，脳の可塑性の観点から説明した。すなわち幼少期は言語機能を司る左半球の機能が損傷されても右半球がその機能を代償するようになるが，そのような代償機能は思春期には失われる。そのため，思春期以降は言語機能の回復が困難になる。こ

のような観点から，言語獲得の臨界期は思春期以前に存在することを主張した。

3 言葉を生み出す心理的機能

3-1 三項関係と共同注意

　生まれたばかりの乳児も，他者と目を合わせたり，目の前にあるおもちゃを見たりする。これは乳児が「自分―他者」「自分―もの」という関係，すなわち**二項関係**で世界を認識しているととらえることができる。9か月ごろになると，乳児はおもちゃを他者に示したり，他者が「うさぎさんだね」と言うと他者が見ているうさぎを見たりするようになる。このとき，乳児は「自分―他者―もの」という三者の関係から世界を認識しているととらえることができる。このとき，乳児の中では**三項関係**が成立している。

　三項関係が成立することによって，乳児は他者と同じ対象に注意を向けること，注意の意図を理解することが可能になる。このような能力を**共同注意**（joint attention）と呼ぶ（第9章も参照）。共同注意の芽生えは，生まれたときから乳児と大人との間に形成されるやりとり（アイコンタクト）に見ることができる。9か月ごろを過ぎると，乳児は他者が見ている対象を正確に見つめるようになるとともに，自分が関心を持った対象に大人の注意や行動を誘導するようになる。大藪（2004）はこれを「意図共有的共同注意」と呼んだ。

　三項関係の理解と共同注意の成立は，子どもが言葉を獲得するための機能として重要である。散歩しているときにチューリップが咲いているのを見かけ，母親が子どもに「チューリップきれいだね」と話しかけた。このとき，子どもは何を「チューリップ」とみなすのだろうか。そこにはチューリップだけでなく，土やプランター，猫，電柱など，数多くのものが存在する。このとき，母親が「チューリップ」と言った際に母親がどの対象に注意を向けているかを推測することで，子どもはその対象を「チューリップ」とラベル付けすることができる。

3-2 象徴機能の発達

　子どもが「犬」という言葉を獲得するためには，/inu/という音声を覚えるだけでなく，その音声が何を指しているかを理解する必要がある。このとき音声と結びついているのは，子どもがこれまでに触れてきた具体的な犬ではなく，それらを代表するもの，いわばイメージとしての「犬」である。このようなイメージを**表象**（representation）という。

　様々な事物を表象として理解することができるようになると，目の前にない事物に別のシンボルを当てはめることができる。これを**象徴機能**という。ごっこ遊びやふり遊びなどは，象徴機能の獲得によって表出される行動の典型であるといえる。この「何かで何かを代用する」働きは，まさに言葉が持つ機能そのものである。「ワンワン」という言葉は，あらゆる種類の「犬」（自分の飼っている犬，ぬいぐるみの犬，アニメの中の犬……）を代表している。子どもの言葉が豊かになるためには，象徴機能の発達が欠かせない。

3-3 言葉の意味学習における制約

　子どもはたくさんの犬（家で飼っている犬，テレビや外で見た犬，犬のぬいぐるみなど）に触れることで，「ワンワン」という言葉を自然に理解するようになる。一見当たり前のように見えるが，犬を指して「これがワンワンだよ」「ここがしっぽだね」，馬を指して「それはワンワンじゃないよ，馬だよ」というように，事物とその呼称を明確に対応づけて教えることはあまりない。また，一口に「ワンワン」といっても，白い犬もいれば黒い犬もいる，大きさや脚の長さも犬種によってかなり違うなど，数限りない特徴を備えている。そのような中でも子どもが言葉を獲得していくことをうまく説明するためには，子どもにはそれを可能にする何らかの原理が備わっていると考える必要がある。マークマン（Markman, E.M.）は，子どもは生得的にいくつかの**制約**（constraint）を有しており，それらが存在することで子どもは言葉の意味を効率よく獲得できると考えた。

　マークマンは，以下の三つが代表的な制約として存在すると考えた

(Markman, 1990)。

①**事物全体制約**：新しい言葉（「ワンワン」）は，その一部分（尻尾や鼻といった部位，白や黒といった色など）ではなく，その全体（犬）を指している。

②**カテゴリー制約**：新しい言葉（「ワンワン」）は，特定の事物（自分の家で遊んでいる特定の犬や，目の前にある犬のぬいぐるみなど）ではなく，それが属するカテゴリーの名称を指している。

③**相互排他性制約**：一つのカテゴリーには，特定の言葉（「ワンワン」）のみが適用される。そのため「ワンワン」という言葉をすでに知っている子どもは，犬を見た大人から「これ大きいね」と言われたとき，「大きい」は「ワンワン」が指すもの（犬）ではなく，違う意味を表していると理解する。

このような制約が存在することで，子どもは一度しか聞いていない言葉の意味を推測し，言葉と意味の関係を正しく理解することができる（即時マッピング）。

4　言葉を生み出す社会的環境

4-1　人に対する感受性

これまで述べてきたとおり，乳児は周囲の他者が発する言葉を聴き，発する言葉が指す対象に注意を向けることによって言葉を獲得する。しかし，乳児は人が発する言語音だけではなく，様々な物や音に囲まれている。そのような環境の中で言葉を獲得するためには，他の音や物ではなく，周りの言語音や周囲の他者に対して反応できることが必要である。乳児には，生得的に人という刺激や言語音に敏感に反応するというバイアス（偏り）が存在することが示されている。

たとえばファンツ（Fantz, R. L.）は，2～3か月の乳児の目の前に様々な対象を示すと，単純な刺激パターン（白い円，黄色い円など）より複雑な刺激パターン（白黒の同心円，文字）をより注視し，その中でもとくに人の顔パターンに対する注視時間が長いことを明らかにした（Fantz, 1958）。これは乳児が

人の顔という社会的刺激によく反応する傾向を生得的に持つことを示す現象として知られている。

乳児が人の顔に対してよく反応することは，別の視点からも見出すことができる。メルツォフ（Meltzoff, A. N.）とムーア（Moore, M. K.）は，生後2～3週の新生児に対して大人が様々な表情（舌を出す，口を開ける，口を突き出すなど）を表出すると，新生児はその表情を模倣することを見出した（Meltzoff & Moore, 1977）。これを**新生児模倣**[2]という。

また，他の乳児が泣くと，それにつられて他の乳児も泣き出すこともしばしば観察される。これを**情動伝染**と呼び，他者に対する感情的共感の原型である（板倉・開，2015）と位置づけられていると同時に，乳児が他者に対する感受性を持つことを示す証拠の一つであるとされている。

これらの現象は，乳児が生得的に養育者をはじめとする周囲の他者に着目できることを示している。これらは社会性や共感性の基盤となるとともに，他者とのコミュニケーションを可能にする基盤としても機能する。

4-2 IDS（対乳児発話）の存在

大人が乳児に話しかけるとき，普段より「ゆっくり，はっきり，抑揚をつけた」声で話す，短い文章で話す，語の繰り返しが多くなるといった特徴が広く認められる。このような話し方を IDS（Infant-Directed Speech：対乳児発話，もしくはマザリーズ）と呼ぶ（第9章も参照）。乳児は IDS が持つ特有の韻律的特徴（プロソディ）に対して引きつけられ反応するが，同時にそこには話者の豊かな感情表現が反映されており，それに対しても乳児は敏感に反応する（権藤，2017）。

このような語りかけは，乳児にとっては自分への直接的な語りかけとしての機能を持つ。乳児がある対象（犬）に注意を向けると，大人はそこに働きかけ

➡ 2　ただし新生児模倣については，その存在に関して多くの議論が交わされていることにも注意する必要がある（詳しくはスレーター，加藤・川田・伊藤監訳 2017などを参照）。

る（「ワンワンだね！　かわいいね」）。そこで乳児は，自分が注意を向けている対象が「ワンワン」であるということを理解することができる。そして，乳児はこのような大人からの発話に対して言語的応答や非言語的応答を返す。こうして乳児と大人との間にやりとりが成立する。

　また，IDSは話すスピードが遅く，音と音の切れ目を強調するような韻律的特徴を持つ。このように語りかけられることで，乳児は言葉の韻律的特徴をうまく学習することができる。

4-3　前言語コミュニケーション

　乳児は以上に示した能力を十分に活用しながら，まだ言葉を話すことができないにもかかわらず，表情，視線，身振り，音声などを媒介として養育者を含めた周囲の大人とやりとりを重ねていく。

　もちろん出生当初はきわめて限られた方法でしか働きかけや応答ができないが，徐々に他者からの働きかけに対する応答のバリエーションが増えてくる。レディ（Reddy, V.）は，乳児期における他者とのコミュニケーションの発達過程を五つの段階に分けて示している（Reddy, 1999）。①新生児は生得的に持つ能力を頼りに他者とかかわろうとする。②生後2～3か月ごろまでにはアイコンタクトが成立し，他者を凝視するようになる。言葉は話さないものの，表情などで感情を伝えるという面では大人の会話と同じようなコミュニケーションが観察されるようになる（**原会話**）。③6か月ごろには，規則性や驚きを楽しむようになる。④8か月から12か月ごろには，三項関係が成立し他者が意図を持つことを理解するようになる。⑤12か月から15か月ごろには，指差しを**原言語**（proto-language）として用いるようになる。

　つまり，子どもは大人とのコミュニケーションの中で言葉の存在や機能に気づき，それらを通して言葉を獲得する。言語獲得の支援においては，豊富な言葉環境の存在が重要であることが指摘されるが，単純に言葉の環境を豊かにするだけでは不十分かもしれない。言葉を媒介として得られるコミュニケーションに注目し，コミュニケーションから言葉が生まれる過程についても目を配る

ことに留意することが望まれる。

> ❖考えてみよう
> インターネット上には，子どもの言葉に関して様々な情報があふれている。たとえば，言語能力を伸ばす方法，言葉の遅れや障害，国語や英語に関係した学習教室や教材についての情報などがある。異なる情報源から発信されているものを三つ選び，そこに書かれている内容を本章や他の章の内容も参考にしながら批判的に吟味してみよう。

もっと深く，広く学びたい人への文献紹介

岩立 志津夫・小椋 たみ子（編）(2017)．よくわかる言語発達 改訂新版 ミネルヴァ書房
☞言語発達に関する幅広いトピックを初学者にもわかりやすく，同時に新しい知見や理論を踏まえながら紹介している。

今井 むつみ (2013)．ことばの発達の謎を解く（ちくまプリマー新書） 筑摩書房
☞本章ではあまり触れることのできなかった，乳幼児が言語を獲得するプロセスについて，多くの具体例を引きながらわかりやすく示している。

ピンカー，S. 椋田直子（訳）(1995)．言語を生みだす本能（上・下） 日本放送出版協会
☞言語の本能論をリードするピンカーによる入門書。言語の生得性の理解には欠かせないばかりでなく，難解なチョムスキーの理論の理解にも役立つ一冊。

引用文献

Fantz, R. L. (1958). Pattern vision in young infants. *Psychological Record, 8*, 43-47.

権藤 圭子 (2017)．音声の理解と産出の発達 秦野 悦子・高橋 登（編著） 言語発達とその支援 (pp. 44-62) ミネルヴァ書房

Hollich, G. J., Hirsh-Pasek, K., & Golinkoff, R. M. (2000). Breaking the language barrier: An emergentist coalition model for the origins of word learning. *Monographs of the Society for Research in Child Development, 65*, 3.

板倉 昭二・開 一夫 (2015)．乳児における共感の発達 心理学評論, *58*, 345-356.

レネバーグ，E. H. 佐藤 方哉・神尾 昭雄（訳）(1974)．言語の生物学的基礎 大修館書店

Markman, E. M. (1990). Constraints children place on word meanings. *Cognitive Science, 14*(1), 57-77.

Meltzoff, A. N., & Moore, M. K. (1977). Imitation of facial and manual gestures by human neonates. *Science, 198*, 75-78.

岡ノ谷 一夫（2016）．さえずり言語起源論──新版 小鳥の歌からヒトの言葉へ── 岩波書店

大藪 泰（2004）．共同注意──新生児から2歳6ヶ月までの発達過程── 川島書店

Reddy, V. (1999). Paralinguistic communication. In M. D. Barrett (Ed.), *The development of language* (pp. 25-50). Hove: Psychology Press.

スレーター，A. M.（2017）．乳児期における模倣 メルツォフとムーア（1977）の研究再訪 スレーター，A. M.・クイン，P. C.（編）加藤 弘通・川田 学・伊藤 崇（監訳） 発達心理学再入門──ブレークスルーを生んだ14の研究──（pp. 85-102） 新曜社

谷 晋二（2012）．はじめはみんな話せない──行動分析学と障がい児の言語指導── 金剛出版

Tomasello, M. (2003). *Constructing a language: A usage-based theory of language acquisition.* Cambridge, Mass.; London: Harvard University Press.

第9章　話し言葉の発達
——他者とのかかわりの中で発達する言語

古見文一

　皆さんはどのように言葉を習得しただろうか。もし機会があるならば，自分の子ども時代を知っている人（両親，祖父母など）に尋ねてみてほしい。「はじめて話し始めたのは〜歳くらいだった」「最初に喋ったのはマンマだった」など話し言葉について教えてもらえるだろう。周りの大人にとって，子どもが言葉を話し始めるというのは，子どもの言語発達を実感するおそらくはじめての機会でもある。そして，発達臨床の現場では，「子どもがまだ言葉を話さない」といった相談を受けることも予想される。いつから話し始めたか（初語や二語文の出現）など，話し言葉は人の発達を知る非常に重要な手がかりの一つである。本章では，話し言葉の発達という観点から言語習得の機序（メカニズム）の理解を深めていく。

1　話し言葉獲得の準備期

1-1　話し言葉獲得前のコミュニケーション

　ヒトは生まれてからしばらくは他者から養育してもらわない限り生きていくことができない。そのために，ヒトの赤ちゃんには他者の養育を引き出す様々な特徴がある。赤ちゃんは，**話し言葉を獲得する前から様々なシグナルを用いて他者に自分の状態を伝え，養育行動を引き出すというコミュニケーションを行う**。たとえば，泣き声や笑い声といった音声，笑顔や眠そうな顔といった表情，視線などが話し言葉獲得前のコミュニケーションの手段として挙げられる。

一方で，これらのコミュニケーションは，周りの大人（主に養育者）が赤ちゃんの表出行動に対してなんらかの意味を読み取ることで成立している。

生後すぐから1か月ごろまでの赤ちゃんの表出行動としては，泣きや叫び（叫喚発声），微笑みが挙げられる。これらは身体の状態を反映したものであり，厳密には赤ちゃんの心の状態を反映したものとは言えない。泣きや叫びは，空腹や不安，便意などの不快な状態を知らせるシグナルであり，微笑みは生理的な反射で眠っているときなどに見られる（**生理的微笑**）。これらの表出行動は養育者の養育行動を引き出すものであり，そこに大人が赤ちゃんの心を付与することで，赤ちゃんとの心のコミュニケーションのきっかけとなる。たとえば，マインズ（Meins, 1997）は養育者が発達初期の子どもを独立した心をもつ存在とみなす傾向を mind-mindedness と呼んでいる。泣きや叫びには音声が伴う一方で，微笑みには音声が伴わないことも多く，この時期の赤ちゃんの表出行動では，泣きや叫びが目立つために，悩んでしまう養育者も多い。赤ちゃんの発するシグナルに積極的に応答し，試行錯誤することで養育者自身も発達する時期と言えるだろう。

生後2か月ごろからは，赤ちゃんがコミュニケーションをより活発に行うようになる。たとえば，養育者の顔を見ながら微笑んだり（**社会的微笑**），不快な状態にない状況で快感情を示す**クーイング**と呼ばれる音声を発したりするようになる。それまでと違い，赤ちゃんが養育者の行動にポジティブな反応を返すようになると，養育者もさらに赤ちゃんとコミュニケーションを取ろうとするため，活発にやりとりが行われるようになる。赤ちゃんも，自分に対して養育者が反応することを期待しているかのような様子を見せる（Tronick, Als, Adamson, Wise, & Brazelton, 1978）。

1-2 養育者からの働きかけ

赤ちゃんが話し始める前から，養育者と赤ちゃんは応答的なコミュニケーションを行う。たとえば，泣いている赤ちゃんに対して，養育者が「お腹がすいたの？」「眠いの？」と尋ねたり，赤ちゃんの不快な感情を取り除こうとした

りといったやりとりである。このとき，赤ちゃんから「うん，お腹がすいたんだ」などという言語的な反応が返ってくるわけではないが，やりとりを繰り返していくうちに，誰が自分の欲求を満たし，護ってくれるのかを認識していく（**アタッチメント**の形成）。

養育者は，赤ちゃんに対しては成人に対するのとは明らかに異なる特徴的な話し方をすることがわかっており，これを **IDS**（Infant-Directed Speech：対乳児発話[1]）という（第8章も参照）。IDSの特徴としては，全体的なピッチの高さや，イントネーションの誇張，文法の簡略化などが挙げられる。このような特徴は，赤ちゃんが言語を獲得する際に，重要な役割を持っていると推測されている。チブラとゲルゲイ（Csibra & Gergely, 2011）は，生得的教育学（Natural Pedagogy）理論（明示的な手がかりを用いることで，伝達意図を赤ちゃんに伝えるとする理論）において，IDSによって，赤ちゃんは相手の行動が自分に向いているものだと解釈して学習の準備を行うと指摘している。赤ちゃんにとって，IDSによる発話はADS（Adult-Directed Speech：対成人発話）による発話に比べて長期記憶に残りやすいことがわかっている（Singh, Nestor, Parikh, & Yull, 2009）。養育者は，IDSで語りかけることで，話し言葉の切れ目や，誰かと会話する際のタイミングなどを赤ちゃんに伝えているのである。

IDSをはじめとした養育者からの働きかけは，子どもの話し言葉の獲得や社会性の獲得に様々な役割を持つ。たとえば，養育者は赤ちゃんがニコニコと笑っているときと危険なものを口に含もうとしているときでは異なる言語発声を行う。言葉をまだ理解していなくとも，そのような発声の違いから，子どもは，養育者がどのような意図を持って自分に話をしているのかがわかるようになる。また，赤ちゃんが言語を理解していない状態であっても，養育者はまるで会話をしているかのように応答的なやりとりを行う。たとえば，養育者「嬉しいの？」→赤ちゃんが笑う→養育者「そうなの，嬉しいのね」といった双方向の

➡ 1 　子ども全般に向けられた発話をCDS（Child-Directed Speech：対子ども発話）ともいう。マザリーズ（母親語）やベビー・トーク（育児語）もほぼ同義であるが，近年はIDSもしくはCDSと呼ばれることが多い。

図 9-1　発達の最近接領域の模式図
（注）発達の最近接領域とは，ヴィゴツキー（Vygotsky, 1962）が提唱した概念であり，現時点で独力では解決できないが，大人や仲間の助け（足場かけ）があれば可能なレベルを指す（図中の網掛け部分）。
（出所）Sideeg（2016）をもとに筆者作成

やりとりである。こういったやりとりを通して，赤ちゃんはコミュニケーションの双方向性に気づいていく。このように養育者から働きかけることで，うまく**発達の最近接領域**（zone of proximal development：図 9-1）に働きかけ，**足場かけ**（scaffolding）を行うことは，子どもの話し言葉の発達に重要である。

1-3　共同注意と話し言葉の発達

話し言葉を用いたコミュニケーションは，お互いに何について話しているのかを共有しなければ成り立たない。会話におけるすれ違いを避けるためには，相手が何に注意を向けているかに気がつき，自分も同じものに注意を向ける**共同注意**の能力が必要である。共同注意の獲得は，赤ちゃんに養育者が物を見せて一緒に見るという共同注視から始まる。常田（2007）によると，養育者が赤ちゃんの顔を見たり自分の顔を赤ちゃんに見せたりする関係から，共同注意が発展することを指摘している。養育者は赤ちゃんに対象物を見せることで共同注視の状態を作り（このとき，赤ちゃんは受動的に他者と同じものに視線を向けて

いる状態である），それができるようになると，対象物に働きかけるように誘導し（ガラガラを持たせて振ってごらんと言うなど），さらにそれができると働きかけた後に自分の顔を見るようにうながす（こっち向いてと声をかけるなど）。このような支持的行動に支えられながら，他者や物とのかかわりを経験する中で，それまで養育者と対面しての遊び（自己と他者）や，おもちゃを用いての遊び（自己と物）のような二者間の閉じられた関係（二項関係）で赤ちゃんの認識世界は成り立っていたものが，生後約9か月ごろに自己と他者以外のものを含めてコミュニケーションができるようになり（**三項関係の成立**），共同注意が可能となる（第8章も参照）。共同注意ができるようになると，赤ちゃんの社会的な能力は大きな変化を迎える。たとえば，新奇な状況において，同じものに注意を向けている（見ている）養育者の様子を見て自分の行動を決定する**社会的参照**を行うようになる。また，大人がどのような意図を持って物を使っているのかを考えて模倣するようになる（Gergely, Bekkering, & Király, 2002）。トマセロ（Tomasello, 1995）は，この大きな変化を9か月革命と呼んでいる。

共同注意ができるようになった子どもは，大人が行う指差しに込められた意図を理解し，自分も行うようになる。最初に行われるのは要求の指差しと呼ばれるものであり，自分の要求を他者に知らせるものである（手の届かないところに置いてあるおもちゃを取ってほしいときに指差すなど）。やがて，何か他者に見てもらいたいときにその対象物を指差す**叙述の指差し**を行うようになる。これは，主体的に子どもが大人と共同注意を行うものであり，他者と関心を共有するという目的をもって行われる。叙述の指差しがみられると，それに伴った発声が行われるようになり，話し言葉が獲得されていく。生後約1年でこれらの話し言葉のための社会的基盤が発達し，子どもは話し始めるようになる。

1-4 音韻の発達

ここまでは，子どもが話し始めるまでの社会的な発達について述べてきたが，話し言葉を獲得するためには，それだけではなく，音声を認知し，音を獲得することや構音（唇や舌を使って音声を発すること）の技術も必要である。

音声の知覚は、胎児期から始まっており、胎内で自分の母親の声が聞こえているときの方が、他の女性の声が聞こえているときよりも活動性が高まる（Kisilevsky et al., 2003）。誕生後の音声知覚については、アイマス他（Eimas, Siqueland, Jusczyk, & Vigorito, 1971）は、生後1か月の赤ちゃんが子音の区別（baとpaの区別）をしていることを、**馴化・脱馴化法**[2]を用いて明らかにしている。さらに、クール他（Kuhl et al., 2006）は、生後6〜8か月と10〜12か月の赤ちゃんを対象にアメリカと日本で赤ちゃんの**音韻**の知覚についての実験を行った。この実験では、アメリカ英語で発音されたraとlaの二つの音声をアメリカの赤ちゃんと日本の赤ちゃんが区別するかを調べた。日本語を母語とする読者の方々はご存知の通り、日本語ではraもlaも「ら」と発音され、区別がない。その結果、生後6〜8か月では日本とアメリカの赤ちゃんの成績には差がなかったが、生後10〜12か月ではアメリカの赤ちゃんの成績は生後6〜8か月よりも高かった一方で、生後10〜12か月の日本の赤ちゃんの成績は生後6〜8か月よりも低くなっていた。この実験結果から、生後9か月くらいから母語に対してより敏感になる一方で、母語では必要のない音声の区別に関しては鈍くなっていくことが示された。このように赤ちゃんは選択的に音声に対して敏感になることで、効率よく母語を獲得していく。

音声の発声についてであるが、前述したように生後1か月ごろまでは泣きや叫びのみであり、2、3か月ごろからはクーイングや笑い声が現れる。その後6〜7か月ごろまでは、様々な種類の音声を発することで、発声のバリエーションが豊富になっていく。高い金切り声や低いうなり声、長く伸ばす声などもみられ、音声を遊ぶ時期とも呼ばれる。この音声遊びは、自分の構音器官（声を出す器官）である口や唇、喉を認識し、音を操作する能力の獲得にもつながる大切なものである。生後6〜7か月ごろには**規準喃語**が発声されるようにな

➡ 2　馴化・脱馴化法とは、赤ちゃんを対象とした心理学研究で用いられる手法である。同じ刺激を赤ちゃんに呈示し続けると、赤ちゃんはその刺激に慣れ（馴化し）、注意が逸れる。そこで別の刺激を呈示し、赤ちゃんの注意が回復（脱馴化）すれば、赤ちゃんは元の刺激と新しい刺激を弁別したと解釈できる。

る。規準喃語とは，bababa や mamama のように子音と母音を組み合わせた音声が，複数の音節でリズミカルに発声されるものをいう。規準喃語がみられることは，構音器官の発達が，言語の発声に向けて整いつつあることを示しているが，規準喃語には何かを伝えようという意図があるわけではない。養育者は規準喃語を聞いて「言葉を話した」と感じることも多いが，厳密な意味で「言葉を話す」のはまだ少し後のことである。

2 話し言葉の獲得と発達

2-1 初語の出現

養育者とのかかわりなどを通して，自分の生活の中で大人がよく使う言葉（「ママ」，「パパ」，「マンマ」，「イナイイナイバー」，「バイバイ」，「ダメ」）などを理解していく。そして，生後10～15か月ごろに**初語**を発する。この時期は，言葉の獲得の第一段階とみなされている。初期に発する言葉は前述のような生活でよく触れる言葉であることが多いが，必ずしも定着するものではなく，獲得のスピードもゆっくりである。また，一つの言葉を実際の適用範囲よりも広げて使うという特徴もみられる（**過大般用**）。たとえば，すべての動物に対して「ワンワン」と言ったり，すべての乗り物に対して「ブーブー」と言ったり，すべての挨拶を「バイバイ」と言ったりするような使い方である。この現象は，未熟ながらも子どもがカテゴリーを認識しているということを示唆している。言葉の獲得のためには，このようなカテゴリーの認識は重要である。我々が「イヌ」と言う場合，「イヌ」という言葉が指し示すのは「プードル」や「チワワ」だけでなく「柴犬」などを指しているときもある。しかしながら，「イヌ」という言葉は「アメリカンショートヘア」や「ロシアンブルー」のようないわゆる「ネコ」を指すことはない。生物学的な詳しい知識がなくともこのようなカテゴリー分類は自然と獲得され，言語の学習を効率的にできるようになっている。

2-2 語彙爆発と統語・ディスコースの発達

　自発的に発することのできる言葉が50語程度になると，子どもの言葉の数は急速に増加する（**語彙爆発**）。この時期は，言葉の獲得の第二段階とみなすことができ，だいたい1歳半をこえたくらいにあたる。子どもは，ものには名前があるということに気づき，様々なものを指差して「これは？」「なに？」と尋ねるようになる。そのような質問に対して，大人が一つひとつ応答的に答えることによって，子どもはどんどん新しい言葉を獲得していく。それと同時に，過大般用されていた言葉の使用範囲を狭め，適切なカテゴリー分類に近づく。

　語彙がどんどん増えていくのとほぼ同時期に，子どもの話し言葉に文法がみられるようになる（**統語の発達**）。1歳半ごろには「ブーブー，はしってる」のような**二語文**が出現し，一語文のころにはなかった語と語のつながりが意識される。1歳後半ごろからは，格助詞の「が」や「を」が用いられるようになるが，このころには誤用もみられるため，正確に使用することができるようになるのは，2歳以降と考えられている。このころには養育者の用いるIDSにも変化がみられ，子どもが2歳から3歳になるのに伴って，IDSとして省略されていた格助詞の使用が増加する（池田・小林・板倉，2016）。文法的に正しい日本語の獲得（語順や助詞・助動詞の獲得）にも養育者からの語りかけの変化や，子どもの誤用に対する訂正などがかかわっている。

　このような語彙の発達，文法の獲得が基盤となり，**ディスコース**（談話）の発達が2歳ごろからみられるようになる。コミュニケーション場面においては，私たちは単文ではなく，さらに大きなまとまりとしての複数の文からなる発話（ディスコース）を行う。ディスコースには，他者と共同で作り上げていく**会話**や，物語，体験談である**ナラティブ**が含まれる。

2-3 話し言葉の使い分け

　私たちは，日常生活において話し言葉をとくに意識することなく使用しているが，いつ，誰に，どのような内容をどの程度話すかを適切に判断している。たとえば，友人とテレビ番組の話をするとき，相手も同じテレビ番組を見てい

たときと，相手が同じテレビ番組を見ていなかったときとを比べてみるとどうだろうか。相手が同じ番組を見ていた場合，出演者やどのような話題がその番組内であったかの知識が相手にもあるため，その説明を割愛することができる。一方で，相手がその番組を見ていなかった場合，それらの情報を伝えた上で，説明をする必要がある。つまり「言わずともよい」内容は省略できるのである。このような話し言葉を使い分ける能力については，4歳ごろにはすでに相手が自分と同じ内容を知っているかによって，話す内容を変更できることが示唆されている（古見・小山内・大場・辻，2014）。

3 話し言葉を支える社会性の発達

前節で述べたように，幼児は，他者とのコミュニケーションの中で話し言葉を使い分けるようになる。このように，話し言葉の発達と社会性には密接な関係がある。本節では，子どもの話し言葉と自分や他者の心の理解との関係について説明する。

3-1 幼児による自分と他者の心の理解

私たちは，コミュニケーションにおいて，自己と他者の心の状態をたえず読み取っている。話し言葉の中でも，「嬉しい」「悲しい」「腹が立った」というような感情を表す言葉が多く用いられる。喜び・怒り・悲しみ・驚き・恐怖・嫌悪といった基本六感情については，生後間もなくからみられるが，2～3歳ごろまでにこのような感情についての理解，およびこれらを表す感情語の産出もみられるようになる。そして，4歳ごろまでには「知っている」「思っている」「信じている」「考えている」というような知識や信念の状態についても話し始める。このような知識や信念は目に見えないが，自他の目に見える行動について，その背後に知識や信念のような「心」という概念を用いて理解する体系のことを**心の理論**（theory of mind）という（Premack & Woodruff, 1978）。ヒトの幼児を対象として心の理論獲得の指標として用いられるのが，**誤った信念**

課題である。これは，子どもが，他者の誤った信念（誤解）を理解しているかを問う課題であり，たとえば以下のようなものである（Wimmer & Perner, 1983）。

> 「マクシは，お母さんの手伝いをして青色の入れ物にチョコレートを入れた。マクシは，チョコレートが好きなので，あとで戻って来た時に食べようと思ってチョコレートを入れた場所を覚えておき，遊びに出かけた。お母さんは，ケーキ作りにチョコレートを使うために，チョコレートを青色の入れ物から取り出した，残りを青色の入れ物ではなく緑色の入れ物に入れた。卵を買い忘れたことを思い出したお母さんは卵を買いに出かけた。そこにお腹をすかせたマクシが戻ってきた。マクシはチョコレートを食べたいと思っていて，どこにチョコレートを入れたかも忘れていない。」

信念質問：マクシはチョコレートを探してどこを見るでしょうか？
現実質問：本当はどこにチョコレートはありますか？
記憶質問：最初，マクシはどこにチョコレートを入れましたか？

この課題の重要な点は，ストーリーを全部聞いている自分は，チョコレートの場所が変化したことを知っているが，登場人物のマクシはそれを知らないという点である。これを理解した上で，最初の質問に「青色の入れ物」と答えられるようになる（心の理論を獲得したとみなされる）のは，一般的に4〜5歳ごろである（Wellman, Cross, & Watson, 2001）。

心の理論を獲得した子どもたちは，社会性の発達を様々な面でみせるようになる。たとえば，他者の感情を理解して**共感**したり，相手の知識や信念を汲み取って行動したりすることができるようになる。一方で，話し言葉の中で相手の心的状態を理解した上で相手を欺く**うそ**がみられるようになるのも幼児期の特徴である（Lee, 2013）。このように，心の理論を獲得することにはポジティブな側面とネガティブな側面が存在するが，私たち人間が社会生活を送るためにはどちらの側面も非常に重要である。

3-2 言葉の裏を読む

児童期には，さらに社会性が発達する（子安・服部・西垣，1998）。たとえば，「Aさんは『Bさんが〜と知っている』と誤解している」という**二次的な誤った信念の理解**（Perner & Wimmer, 1985）ができるようになったり，うそと**皮肉**（嫌味）の区別ができるようになったりする。うそと皮肉は，どちらも現実とは異なる内容を話すものであるが，聴き手がその現実を知っているか知らないかという違いがあり，またその裏にどのような意図があるかも異なっている。子安他（1998）の調査では，3年生ごろからうそと皮肉の区別がつくようになることが示されており，児童期にこのような複雑な話し言葉の裏を読むことができるようになる。さらに，幼児期に可能になったうそについてもより洗練されたうそを使用することができるようになる。たとえば，誕生日に友人からプレゼントをもらったが，それがまったく欲しいものではなかった際に，私たちはどのような反応をするだろうか。このような場合に，内心がっかりしていたとしても，「ありがとう。大事にするね。」などといってつくうそを**白いうそ**（white lie）と呼ぶ。また，このように感情をあるがままに表出するのではなく，社会的な慣習に従って表情を示すことを**表示規則**といい，これらも二次的な誤った信念の理解と関連がある（Happé, 1994）。

3-3 自閉スペクトラム症と話し言葉の障害

本節で述べてきた心の理解に関する障害の一つに，**自閉スペクトラム症／自閉症スペクトラム障害**（ASD）が挙げられる。ASDは，DSM-5（精神疾患の診断・統計マニュアル）の診断基準（American Psychiatric Association, 2013 髙橋・大野監訳 2014）において「社会的コミュニケーション・対人的相互反応の障害」「行動・興味・活動の限定された反復的な様式」という大きく二つで構成される障害である。ASDをもつ子どもには心の理解の障害に伴って話し言葉にも特徴が現れることがある。[3]

ASDをもつ子どもは，言葉を獲得する前の段階である指差しや共同注意の獲得がみられなかったり遅れたりする。指差しがみられたとしても叙述の指差

しは獲得しにくい。そのため，言葉の獲得も遅れる傾向にあり，内容も一方的になってしまうことが多い。また，**エコラリア**といういわゆるおうむ返しがみられることもASDをもつ子どもの特徴として挙げられる。さらに，言葉の裏を読むことが困難であり，うそや皮肉を見抜くことが難しく，字義通りに言葉の内容を理解してしまうことが多い。たとえば，「お母さんはいますか？」と電話で聞かれたときに，「はい，います」とだけ答えるといった状況が生じてしまう。「お母さんはいますか？」という質問には，暗に「いるなら電話を代わってほしい」という意味が含まれているが，文字通りお母さんがいるかだけを答えてしまうのである。このような傾向もASDをもつ人の特徴として挙げられる。

> ❖考えてみよう
>   もうすぐ1歳半になろうとする男の子，家でも保育所でも元気にしているが，同じころに生まれた他の子どもたちと比べると言葉が少ないことを両親が気にしている。あなたがその両親の知り合いであると仮定して，どのようなアドバイスができるか考えてみよう。

もっと深く，広く学びたい人への文献紹介

林 創（2016）．子どもの社会的な心の発達——コミュニケーションのめばえと深まり—— 金子書房
　☞身近な例を挙げながら，子どもの他者の心の理解などの社会性発達について解説されている。

三宮 真智子（2017）．誤解の心理学——コミュニケーションのメタ認知—— ナカニシヤ出版
　☞話し言葉などを使ったコミュニケーションで発生する誤解について専門的に解説されている。

➡3　1節で述べたように定型発達の子どもは1歳ごろまでに言葉を話し始めるが，それまでに言葉を喋り始めない子どもは約5％いると推定されている。そのうちの2％は3歳までに話し始め，就学までに知的側面も正常範囲に追いつき，言葉の遅れの影響がほとんど見られなくなる。2.7％の子どもは5歳までに話し始めるが，読み書き・算数などに影響を残したり（学習障害），青年期にも言葉がうまく扱えなかったり（知的障害やASDなど）することがみられる（西村，2001）。

第9章 話し言葉の発達

引用文献

American Psychiatric Association　髙橋 三郎・大野 裕（監訳）（2013/2014）. DSM-5 精神疾患の診断・統計マニュアル　医学書院
Csibra, G., & Gergely, G. (2011). Natural pedagogy as evolutionary adaptation. *Philosophical Transactions of the Royal Society B, 366,* 1149-1157.
Eimas, P. D., Siqueland, E. R., Jusczyk, P., & Vigorito, J. (1971). Speech perception in infants. *Science, 171,* 303-306.
古見 文一・小山内 秀和・大場 有希子・辻 えりか（2014）. 他児の知識状態や自己の役割が幼児の発話の変化に及ぼす影響──絵本の読み聞かせ場面を用いて──　発達心理学研究, 25, 313-322.
Gergely, G., Bekkering, H., & Király, I. (2002). Rational imitation in preverbal infants. *Nature, 415,* 755-756.
Happé, F. G. (1994). An advanced test of theory of mind: Understanding of story characters' thoughts and feelings by able autistic, mentally handicapped, and normal children and adults. *Journal of Autism and Developmental Disorders, 24,* 129-154.
池田 彩夏・小林 哲生・板倉 昭二（2016）. 日本語母語話者の対乳幼児発話における格助詞省略　認知科学, 23, 8-21.
Kisilevsky, B. S., Hains, S. M., Lee, K., Xie, X., Huang, H., Ye, H. H., Zhang, K., & Wang, Z. (2003). Effects of experience on fetal voice recognition. *Psychological Science, 14,* 220-224.
子安 増生・服部 敬子・西垣 順子（1998）. 絵本形式による児童期の「心の理解」の調査　京都大学教育学部紀要, 44, 1-23.
Kuhl, P. K., Stevens, E., Hayashi, A., Deguchi, T., Kiritani, S., & Iverson, P. (2006). Infants show a facilitation effect for native language phonetic perception between 6 and 12 months. *Developmental Science, 9,* F13-F21.
Lee, K. (2013). Little liars: Development of verbal deception in children. *Child Development Perspectives, 7,* 91-96.
Meins, E. (1997). *Security of attachment and the social development of cognition.* Hove: Psychology Press.
西村 辨作（2001）. 言語発達障害総論　西村 辨作（編）　入門コース・言葉の発達と障害②ことばの障害入門（pp. 3-30）　大修館書店
Perner, J., & Wimmer, H. (1985). "John thinks that Mary thinks that..." attribution of second-order beliefs by 5- to 10-year-old children. *Journal of Experimental Child Psychology, 39,* 437-471.
Premack, D., & Woodruff, G. (1978). Does the chimpanzee have a theory of mind? *Behavioral and Brain Sciences, 1,* 515-526.

Sideeg, A. (2016). Bloom's taxonomy, backward design, and Vygotsky's zone of proximal development in crafting learning outcomes. *International Journal of Linguistics, 8,* 158-186.

Singh, L., Nestor, S., Parikh, C., & Yull, A. (2009). Influences of Infant-Directed Speech on early word recognition. *Infancy, 14,* 654-666.

Tomasello, M. (1995). Understanding the self as social agent. In P. Rochant (Ed.), *The self in infancy: Theory and research.* Amsterdam: Elsevier Science B. V.

Tronick, E., Als, H., Adamson, L., Wise, S., & Brazelton, T. B. (1978). Infants response to entrapment between contradictory messages in face-to-face interaction. *Journal of the American Academy of Child and Adolescent Psychiatry, 17,* 1-13.

常田 美穂（2007）．乳児期の共同注意の発達における母親の支持的行動の役割 発達心理学研究, *18,* 97-108.

Vygotsky, L. S. (1962). *Thought and language* (E. Hanfmann & G. Vaker, Ed. & Trans.). Cambridge: The MIT Press.

Wellman, H. M., Cross, D., & Watson, J. (2001). Meta-analysis of theory-of-mind development: The truth about false belief. *Child Development, 72,* 655-684.

Wimmer, H., & Perner, J. (1983). Beliefs about beliefs: Representation and constraining function of wrong beliefs in young children's understanding of deception. *Cognition, 13,* 103-128.

第10章　書き言葉の獲得
——意味と記号をつなげるために

滝口圭子

> 　書き言葉は，話し言葉とは異なり，表出後，消えることなく残される。そうした評価のしやすさもあり，話し言葉と同じように（場合によってはそれ以上に），書き言葉のより早い習得に価値が置かれるという現実も存在する。公認心理師は，書き言葉を発達や学習を評価する道具として扱うことと，書き言葉から個人の生活や発達をより正確に把握することが求められよう。以上のように，無機質な書き言葉から，一人の個人の有機的な生活を理解しようとし，適切な支援を探ろうとするところに，公認心理師の専門性の一端があるのではないか。

1　就学前後の子どもたちと文字の読み書き

1-1　就学前の子どもたちと文字の読み書き

　書き言葉の教育が意図的にまた系統的に開始されるのは小学校就学以降である。しかし，就学前の子どもが通う幼稚園，保育所，認定こども園において，名前，黒板の日付，カレンダー，今日の予定，練習している歌の歌詞，保護者に向けた掲示など，書き言葉がふんだんに使用されている。園外の環境にも文字があふれており，子どもは日々書き言葉を目にしながら生活している。

　玉岡・小坂（2003）は，保育所の5歳児クラスへの進級を目前に控えた4歳児クラス32名（男児18名，女児14名，平均年齢5歳7か月）を対象に，14種類の**平仮名**（清音のみ）の読字課題を実施した。平均読字数は9.59（標準偏差4.21）

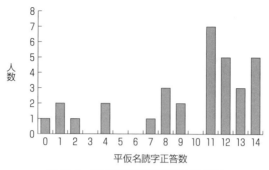

図 10-1　平仮名読字正答数別人数分布
（出所）玉岡・小坂（2003）をもとに筆者作成

であった。読字正答数別に人数を算出したところ，4歳児の63％（20名）が11字以上の平仮名を読むことができる一方で，読める平仮名が5文字以下の4歳児も19％（6名）存在し，そのうち1名はまったく読むことができなかった（図10-1）。対象とした保育所では，平仮名の読み書き指導を行ってはいなかった。

　高橋（1999）は，保育所に通う3歳児群（2歳児クラス9名，平均年齢3歳3か月）と4歳児群（3歳児クラス15名，平均年齢4歳4か月）を対象に絵本の読み聞かせを行い，絵本の内容を園長に伝える手紙を書くよう求めた。その結果，手紙の大部分は文字と絵の混在か，絵による表現のみであった。さらに，文字による表現は(1)有意味な単語が含まれる場合（3歳児群0％，4歳児群27％），(2)文字や数字を書いている場合（3歳児群11％，4歳児群53％），(3)**疑似文字**（文字様のもの）を書いている場合（3歳児群22％，4歳児群80％）に分けられた。例として，ある男児が2歳11か月のときに描いた絵と，4歳3か月のときに描いた疑似文字を図10-2に示す。この男児は保育所でも家庭でも平仮名の学習はしていない。さて，4歳児群の87％が(1)から(3)のいずれかの表現をしていたが，3歳児群では22％であり，その年齢差は大きい。文字が絵とは異なる表現手段であることや，言葉の音を記号で表現できることについての理解（**表現規則の理解**）は3～4歳の間に進むが，一つの文字は一つの音節に対応しており，それらを並べることによって何かを示すことができることについての理

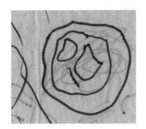

図10-2 同じ男児の2歳11か月時の絵（左）と4歳3か月時の疑似文字（右）

解（**対応規則の理解**）は，4歳台でも十分ではなかった。

1-2 文字の読み書きに関連する要因

ディスレクシア（発達性読み書き障害）など**限局性学習症／限局性学習障害**（SLD）の理解と支援の推進とともに，子どもの文字の読み書きを説明する認知的要因が解明されつつある。

幼児を対象に読字あるいは書字課題とともに種々の認知課題を実施した結果，幼児の平仮名の読字には「**音韻認識**」や「**視覚認知**」（猪俣・宇野・酒井・春原，2016）などが関連していた。「音韻認識（音韻意識）」とは，言葉の音に注意を向けて操作する能力のことで（高橋，2017），たとえば「ぼうし」の最後の音が「し」であると回答することができる力である。「視覚認知」は図形の模写によって測定されており，対象の形態を視覚的に把握し，再生する能力といえよう。一方で，幼児の平仮名の書字については，平仮名の読字で確認された「音韻認識」や「視覚認知」に加え，「**視覚と運動の協応**」（郡司・勝二，2015）などが関連していた。協応とは複数の機能が連動して働くことであり，郡司・勝二（2015）は，帯幅6 mmと3 mmの直線，曲線，波線について帯幅からはみ出さずに線引きする課題を設定した。この場合は，視覚的にとらえた対象に対して，筆記用具を持った手腕を適切に操作することが求められるといえよう。

また，小学生の平仮名の書字には，小学校1，2年生では「視覚と運動の協応」や「図形の模写」が関連していたが，小学校3年生ではその関連性が消失

	1学期4月ごろ	2学期9月ごろ	3学期2月ごろ
小学校 1年生			
小学校 2年生	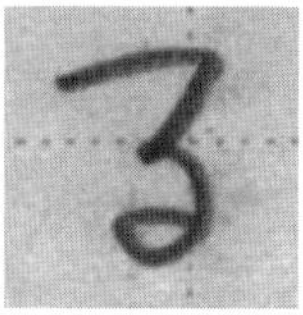	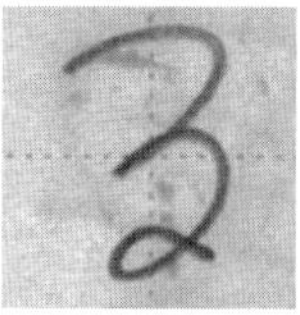	
小学校 3年生	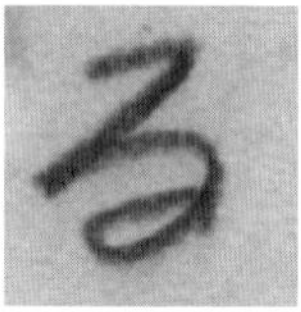	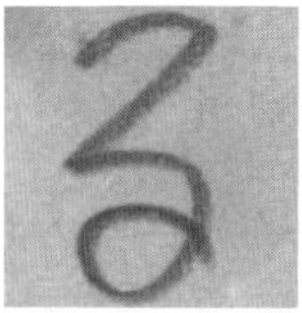	

図10-3　図10-2と同じ男児の小学校就学後の平仮名

した（加藤・人見・畠垣・小倉・野邑, 2010）という報告があり，小学校1，2年生を通じて「視覚と運動の協応」が滑らかになる過程がうかがえ，興味深い。図10-3は，図10-2を描いた男児が小学校就学後に書いた平仮名の「る」である。1年生の間はやや書字がぎこちないようだ。また，1年生では手本に忠実に書いているようであるが，徐々に個人内に表象された「る」を書いていく過程が読み取れる。

　文字の読み書きは複合的で統合的な**認知活動**であり，組織的な一斉指導において，困難を覚える子どもも存在する。それぞれの子どもが，小学校（低学年）を通じて文字の読み書きを身につけていく過程を支援していきたい。

1-3　リテラシーの萌芽期を豊かに生きる

　前項で紹介した研究の多くは，平仮名の読み書き指導を行っていない幼稚園や保育所で実施された。幼児は生活しながら，遊びながら文字の読み書きを覚えていく。その姿は図10-2からもうかがえよう。読み書きを系統的に学習す

る前の子どもたちが，読み書きを試すかのように，まるで読み書きができるかのように振る舞うことを**萌芽的リテラシー**（emergent literacy）と呼ぶ（Cunningham, Moore, Cunningham, & Moore, 2000；高橋，2017）。

さて，幼児の平仮名の読み書きに共通して認められる認知的要因の「音韻認識」は，4歳くらい（年中児）から急激に発達する（高橋，2017）。個人差も考慮すると，たとえば音韻認識の獲得の途上であるために，平仮名の読字や書字が困難な4歳児や5歳児がいても不思議ではない（もちろん，音韻認識以外の要因が関連している場合もある）。日本には，音韻に対する意識を促す遊びが豊富にある。かつて，しりとり，なぞなぞ，回文，だじゃれなど（高橋，2017）に親しんだ方も多いのではないか。まだしりとりが十分にできない時期から，紙と筆記用具，あるいはデジタルデバイスを使用して読み書きを練習することよりも，言葉遊びを通して，音韻認識とともに，子どもの健やかな成長を願いながら受け継がれてきた文化を手渡していくことを提案したい。

2　就学前後の子どもたちと文章理解

2-1　文章理解とは

みんなが使ういれものを一つだけ取りましょう。それから，欲しいものはどこにあるか探します。いろんなものがあるので探すのは大変です。ゆっくりと歩きながら探しましょう。おんなじものがたくさん並んでいるところが見つかります。欲しい分を取って，いれものの中に入れます。取ったものをポケットの中に入れてはいけません。それは，まだ自分のものではないからです。

以上の8文の各文の意味は理解できる。しかし，全体を通して何を伝えようとしているのかは，ややつかみにくい。私たちは，一連の文を読んだり聞いたりしながら，大きな一つの意味を構成しようとする。冒頭の文章は，5歳児クラスを対象として筆者が作成した課題文であり，タイトルは「買い物」なのだ

が，いかがだろうか。

文章を理解するとは，最終的に文章全体について整合性のある**心的表象**（mental representation）を構築することである。ヴァンダイクとキンチ（van Dijk & Kintsch, 1983）は，**表層的記憶**（surface memory），**テキストベース**（textbase），**状況モデル**（situation model）という三つの表象レベルを想定した。

表層的記憶のレベルでは，単語や句などが逐語的に，つまり入力された状態に忠実に記憶される。

テキストベースは，真偽判断の可能な最小単位である**命題**によって表現される。命題は単一の**述部**（predicate）と一つまたは複数の**項**（argument）からなり，たとえば「女の子が空き缶をごみ箱に捨てた」という文と「空き缶は女の子によってごみ箱に捨てられた」という文は，両者とも"捨てる［女の子，空き缶，ごみ箱］"という命題で表すことができる。「捨てる」が述部で，「女の子，空き缶，ごみ箱」が項である。この場合，文法や単語の違いに惑わされることなく，共通する意味内容を抽出することができる。

状況モデルは，文章から得られる意味の把握にとどまらず，読み手の**既有知識**や経験などを統合しながら構成される。既有知識や経験との融合を経て形成された状況モデルは，すぐに忘却されることはなく後々の活用も可能となる。

　　赤ちゃんが中隔欠損症であった場合，血液は肺を通して二酸化炭素を十分
　　に取り除くことができない。そのため，血液は黒ずんでいる。

（Kintsch, 1994）

キンチ（Kintsch, 1994）は，以上の2文から構成される状況モデルとして図10-4を例示した。図10-4は，中隔に欠損がある場合，二酸化炭素を運ぶ黒ずんだ血液の一部が，身体から肺に至る前に心臓で逆流し，肺で二酸化炭素を除去されることなく身体に運ばれることを表している。こうした状況モデルの形成においては，循環器系に関する既有知識が不可欠である。

イベントインデックスモデル（Zwaan & Radvansky, 1999）では，状況モデルは時間，空間，因果関係，意図，主人公という五つのインデックスを持つと考

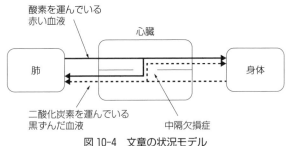

図 10-4　文章の状況モデル
（出所）Kintsch（1994）（邑本（2012）より転載）

える。読み手は入力されたイベント（事件や行動）について，上記の五つの次元をモニターしながら，状況モデルを更新するが，すべての次元が独立して，同じ重みづけでモニターされているわけではない。

2-2　就学前の子どもたちと文章理解

　小坂・山崎（2000）は，5歳児クラスを対象とし，課題文と4種類の質問文（表10-1）を口頭で伝え，質問文の内容が課題文の内容に合致しているかどうかを判断するよう求めた。4種類の質問文は課題文を操作して作成されており，原文（1文をそのまま抜き出す），パラフレーズ（1文中の1語を類似した意味の言葉に置き換える），意味変更（1文中の1，2語を異なる意味の言葉に置き換える），ディストラクタ（課題文のテーマと関連するが課題文に含まれない）であった。原文の回答には表層レベル，パラフレーズは命題レベル，意味変更とディストラクタは状況モデルレベルでの理解が必要とされると想定した。図10-5は既知度の高い課題文（風邪の予防，栄養の摂取）の回答結果である（4点満点）。ここでは，課題文に登場する単語を含むディストラクタaと，そうした単語を含まないディストラクタbが設定された。さらに，**リスニングスパンテスト**[1]を用いて5歳児の**ワーキングメモリ**（第6章・第11章参照）も測定した。

　図10-5の意味変更とディストラクタの成績から，5歳児も状況モデル（に該当する表象）を構成していると言えそうだが，ワーキングメモリが小さいと，やや難しくなるようだ。また，ワーキングメモリの小さい群は，2種のディス

表10-1　空き缶のリサイクル（低既知度）の課題文と質問文

「空き缶のリサイクル」（低既知度）

〈課題文〉
1　○○くん（ちゃん）は，空き缶を，ぽいっと投げました
2　空き缶は，ひとりぼっちで転がっています
3　ぽいっと投げた空き缶は，もう使えません
4　ごみ箱に捨てた空き缶は，また新しくすることができます
5　ごみ箱の空き缶は，工場に持って行かれます
6　工場で，空き缶を，どろどろに溶かします
7　どろどろにした後，もう一度，新しい空き缶にします
8　空き缶は，決められたごみ箱に捨てましょう

〈質問文〉
*　お友だちは，ジュースを飲んでいます　　　　　　　　　　［ディストラクタb］
2　空き缶は，ひとりぼっちで転がっています　　　　　　　　［原文］
3　ぽいっと投げた空き缶は，もう拾えません　　　　　　　　［意味変更］
4　ごみ箱に入れた空き缶は，また新しくすることができます　［パラフレーズ］
*　工場のおじさんが，空き缶を持って行きます　　　　　　　［ディストラクタa］
6　空き缶を，どろどろに溶かすのは，工場です　　　　　　　［パラフレーズ］
7　どろどろにする前に，もう一度，新しい空き缶にします　　［意味変更］
8　空き缶は，決められたごみ箱に捨てましょう　　　　　　　［原文］
*　みんなで，ごみを拾ってきれいにしました　　　　　　　　［ディストラクタa］
*　自分が使ったものは，自分で片づけましょう　　　　　　　［ディストラクタb］

（注）下線部は操作部分である。
（出所）小坂・山崎（2000）をもとに筆者作成

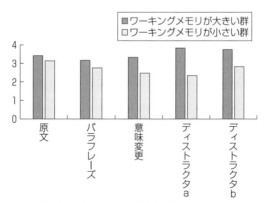

図10-5　文章理解課題（高既知度）の成績
（出所）小坂・山崎（2000）をもとに筆者作成

トラクタについていずれも「あった」と誤答する傾向があったことから，文章全体の状況を大まかにとらえることはできるが，**主旨**を把握することが難しく，主旨とは関連性が低い（余剰な）情報も含む表象を形成しているといえそうだ。

2-3　就学後の子どもたちと文章理解

　高橋（2001）は，同じ児童を対象に，小学校1年生，3年生，5年生の3学期に，**リーディングスパン課題**，単語命名課題，語彙課題，読解課題を縦断的に実施した。その結果，小学校で平仮名の読み書きを学習した1年生の3学期でも，就学前に平仮名を読むことができたグループの方が，就学後に読みを学習したグループよりも平仮名の単語を読むスピードが速かった。そして読みのスピードが速いほど読解力も高かった。しかし，3年生になると読みの習得時期による読みの速さの違いは消失し，さらに，読みの速さと読解力の関係も消える。以上から，平仮名が読めるようになると，すぐに平仮名で書かれた単語が滑らかに読めるようになるわけではなく，流暢に読めるまでに一定の時間を必要とすることがわかる。そして，流暢に読めないと文章の内容の理解も疎かになるようだ。しかし，習得までにある程度の時間はかかるが，小学校中学年段階には平仮名の読みも速くなり，読解とは関係なくなる。一方で，小学校を通じて，読解力に強く関連していたのが**語彙**であった。語彙が豊富な児童ほど読解力が高く，また読解力が高いと次の時期の語彙力が高くなった。ちなみに，先述の加藤他（2010）では，書字における「視覚と運動の協応」の影響が小学校3年生になると消えており，小学校3年生という時期的な符合が興味深い。

　玉岡・小坂（2003）は，4歳児クラスを対象に，動物名の復唱，数字の順唱，

➡1　リスニングスパンテストおよびリーディングスパンテストは，ワーキングメモリスパン課題の一種である。リーディングスパンテストでは，実験参加者は複数の文を順番に音読しながら，それぞれの文中の一部の単語を記憶するよう求められ，記銘できる単語数が測定される。リーディングスパンテストの成績は，読解の成績と比較的高い相関を示すことが知られている。文の音読が困難な幼児を対象に開発されたリスニングスパンテストでは，文の音声提示，文頭単語の記銘，年齢に応じた文の長さや内容の調整などの工夫が施されている。

数字の逆唱，単語の知識（絵カードの具体物の命名），平仮名の読字，聴解課題を実施した。その結果，聴解力と相互に関連していたのは，単語の知識と動物名の復唱であり，平仮名の読字の影響は認められなかった。平仮名の読みを必要としない聴解課題を実施したとはいえ，予想に反した結果であった。平仮名を読むことと文章を理解することとは，性質の異なる課題なのであろう。一方，聴解力と単語の知識とが相互に影響し合うという結果は，読解力と語彙の関連性と類似しているように思われる。4歳児そして小学校の低学年から高学年まで，すべての時期で文章理解に関連していたのは語彙であるという結果を踏まえるならば，小学校就学前から語彙を豊富に蓄えることこそが，その後の読解力を支える本当の力になるのではないだろうか。

2-4　子どもたちの生活と文章理解

　読み手は文章を読みながら心的表象を作り上げる。その文章に**知覚的情報**が含まれる場合，読み手は心的表象を形成する過程で，まるで実際に経験しているかのように知覚的処理を行うことがある。常深・楠見（2010）は，そうした読解中の知覚的処理（の一部）に際して，**自伝的記憶**が利用されると提起した。自伝的記憶とは，自己が経験した出来事に関する記憶である（佐藤，2011）。常深（2012）は，豊かな過去の経験を持っている人は，眼前の物語を豊かに疑似体験できるだろうと説く。

　経験あるいは，経験に関する記憶である自伝的記憶と読解力は直接的には関係がないように思われる。しかし，文字という記号をつなげ，そこに自ら意味を作り出そうとするとき，私たちが拠り所とするものの一つに，経験があるのではないか。それは，言葉の獲得期にある幼少の子どもも同様であろう。

　中央教育審議会幼児教育部会の取りまとめ（文部科学省，2016）において，幼児期の語彙数がその後の学力に影響を与えることが提起された。そうした背景もあってか，幼稚園，保育所，認定こども園において，保育者が野菜の絵カードを見せて幼児に名前を言うよう求めたり，月の満ち欠けの絵本を見せて満月，半月などの呼び方を教えたりという活動を見かけることが増えた。それら

の活動からは，実際の経験が抜け落ちている。あるいは蔑ろにされているといえはしないだろうか。記号で記号を表現する活動を繰り返すだけでは，その後の人生を支える語彙が身につくとは思えない。言葉を育てるということは，子どもの生活を豊かにすることなのだということを，今一度，ともに考えていきたい。

3　就学前後の子どもたちと文章産出

3-1　外言に支えられた文章産出

　内田（1990）は，幼稚園5歳児クラスから小学校1年生までの移行期を対象に，口頭で作成した物語や絵を見て説明する情景作文を文字で書く過程を観察した。作文過程における外言による外的制御を5段階に分けて，出現率の推移をまとめた（図10-6）。5歳児クラス5月では**外言**[2]（第1段階）やささやき声

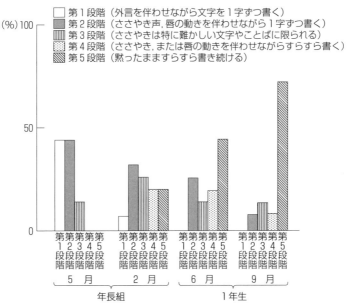

図 10-6　就学移行期の作文過程の外的制御

（出所）内田（1990）

第Ⅱ部　言語心理学

> **コラム　外言からひとり言へ，ひとり言から内言へ**
>
> 外言は対人的コミュニケーションを担う話し言葉である。その外言が徐々に内面化し，音声を伴わない内言に転化するとされている。内言は思考の用具としての言語であり，内言によって自己の行動制御も可能になる。さて，外言から内言への移行過程において，子どもが「これは，この上に置いて……」とつぶやきながら積み木を重ねたり，「次は……ピンク」と言いながらマーカーの色を選んで絵を描いたりする姿が見受けられる。これらの「ひとり言」は，他者に意思を伝達する機能ではなく，自身の問題解決を助ける機能を持っており，音声を伴った思考の言語とみなすこともできよう。思考の言語としての「ひとり言」は，4歳ごろに登場し7歳ごろから減少していくようである。しかし，その後，「ひとり言」が消滅してしまうわけではなく，難問を解く最中にぶつぶつとつぶやくといったようなことは，多くの大人が経験しているのではないだろうか。
>
> 子どもの作文過程（内田，1990）の第1，第2段階における，つぶやきながら，あるいはささやきながら文字を書く行為は，まさに「ひとり言」に支えられながら問題を解決していこうとする子どもの姿といえよう。そして，第3，第4段階では「ひとり言」が次第に内面化していき，最終の第5段階では「ひとり言」の助けがなくとも文を書くことができるようになる。外的制御が徐々に緩くなり，内言による自己の行動制御が可能になる過程を読み取ることができる。

（第2段階）を伴わせながら1字ずつ書いているが，その後，難しい文字や言葉を書くときにのみささやいたり（第3段階），ささやきながらも1字ずつではなくすらすらと書いたり（第4段階）する段階を経て，1年生9月になると黙ったまま文を書く（第5段階）ことができるようになる。

内田（1990）はさらに，作文中の停滞の位置にも言及する。第1段階や第2段階では，文字と文字の間で停滞が認められたが，そのうち言葉や文節の間で停滞するようになり，第5段階では意味単位の区切れ目で停滞が生ずるようになった。つまり，文字の想起に費やされていた停滞が，次第に意味の確認など作文過程のモニターに費やされるようになるということのようだ。1年生の9月ごろになると，文章を書き終えた後に読み返し，修正する児童も登場した。

さて，1年生9月期においても，多くはないが，第2段階や第3段階の外的

➡ 2　外言は他者とのコミュニケーションのための話し言葉であり，内言は発声を伴わず内面化された思考のための言語である。ここでは，他者への伝達機能は持たないが，発声を伴う思考のための言語という意味で使用されているようだ。

制御を活用しながら作文を書く児童も存在する（図10-6）。やはり個人差に留意し，場合によっては外言の使用を認めていきたい。2節で述べたように，読字や書字に関連する個人差の中には，小学校低学年を通して消失していくものがあることを踏まえるならば，作文においても小学校低学年をかけて培っていく力があるように思われる。

3-2 立ち止まることとくぐらせること

　文字であれ文章であれ，書くことを通して，子どもたちには「立ち止まって考える」機会がもたらされる。たとえば「た」という文字を自覚的に書こうとする場合，書く前にその音と形を思い浮かべるであろう。たとえば日記を書こうとする場合，その日に何があり，その出来事をどのように書くのかを，まず考えることになるであろう。内田（1990）が指摘する作文過程での停滞や読み返しも，立ち止まって考える行為といえるかもしれない。子どもは，何かを書いて表出する前に，立ち止まって少し考える機会を得て，自分と対峙し，自分を整理し，自分を抜き出し，そして自分を（紙上に）刻んでいく。読むことは書き手との対話であるが，書くことは独我論的な作業（Ong, 1982 桜井・林・糟谷訳 1991），つまり，自分自身との対話であるといえよう。

　何をどのように書くのか，まずは声を通して考え（発声の有無にかかわらず），次に文字を通して表現するととらえるならば，私たちは自身の中で言葉を2度くぐらせるといえる。声と文字のくぐり抜けの間に，違和感や時間差が生じなくなるまでには，やはり時間が必要だろう。書き言葉の学習の開始期には，その基礎となる基本的精神機能が，発達の真の過程を終えていないばかりか，はじめてさえいない（ヴィゴツキー，柴田訳 2001）。子どもにとっての書くことの苦しみを認識しつつ，その先には，書くことによる解放があることを伝えられる存在でありたい。

❖考えてみよう
　年中組（4歳児クラス）の男の子のお母さんから，幼児に国語や算数を教えている教育産業の営業の方から，強い勧誘を受けているとの相談があった。そのお母さんは，勉強はできて損にはならないと考えており，またその学習塾ではカードや映像を使って楽しく勉強をさせているようでもある。しかし，4歳から学習塾に通わせるのはどうかという思いもあり，お母さんとしては迷っている。あなたなら，どのように対応するだろうか。

もっと深く，広く学びたい人への文献紹介
秦野 悦子（編）(2001). ことばの発達入門　大修館書店
　☞乳幼児期の言葉にまつわる基本的また魅力的なトピックがほぼ網羅されている。音韻意識の発達や読解と語彙の関係性についても詳説してある。
岡本 夏木（1985）. ことばと発達　岩波新書
　☞小学校就学前後の「一次的ことば」と「二次的ことば」の考察は今なお色あせない。本書は，子どもの周囲の大人に対する警鐘と励ましと期待を鳴らし続ける。
川﨑 惠里子（編）(2014). 文章理解の認知心理学──ことば・からだ・脳──　誠信書房
　☞状況モデル登場以降の文章理解研究を概観し，かつこれからの文章理解研究を見通すことができる。文章理解の謎と魅力が存分に語られている。

引用文献

Cunningham, P. M., Moore, S. A., Cunningham, J. W., & Moore, D. W. (2000). *Reading and writing in elementary classrooms: Research based K-4 instruction.* Boston: Allyn and Bacon.

郡司 理沙・勝二 博亮（2015）. 幼児におけるひらがな書字習得に関わる認知的要因　LD研究, *24*, 238-253.

猪俣 朋恵・宇野 彰・酒井 厚・春原 則子（2016）. 年長児のひらがなの読み書き習得に関わる認知能力と家庭での読み書き関連活動　音声言語医学, *57*, 208-216.

加藤 美和・人見 美沙子・畠垣 智恵・小倉 正義・野邑 健二（2010）. 小学校低学年の書字習得度と認知特性との関連　日本教育心理学会総会発表論文集, *52*, 515.

Kintsch, W. (1994). Text comprehension, memory, and learning. *American Psychologist, 49*, 294-303.

小坂 圭子・山崎 晃（2000）．就学前児のテキスト理解に及ぼす作動記憶容量の影響　教育心理学研究, 48, 43-351.
文部科学省（2016）．中央教育審議会　初等中等教育分科会　教育課程部会幼児教育部会（第 8 回）配付資料 1　幼児教育部会とりまとめ（案）　Retrieved from http://www.mext.go.jp/b_menu/shingi/chukyo/chukyo3/057/siryo/1371949.htm（2018年 9 月30日閲覧）
邑本 俊亮（2012）．文章の理解　福田 由紀（編著）　言語心理学入門——言語力を育てる——（pp. 127-151）　培風館
Ong, W. J. (1982). *Orality and literacy: The technologizing of the word*. London: Methuen.
　（オング, W. J.　桜井 直文・林 正寛・糟谷 啓介（訳）（1991）．声の文化と文字の文化　藤原書店）
佐藤 浩一（2011）．自己と記憶　太田 信夫・厳島 行雄（編著）　記憶と日常（pp. 180-207）　北大路書房
高橋 登（1999）．子どもの読み能力の獲得過程　風間書房
高橋 登（2001）．学童期における読解能力の発達過程—— 1 - 5 年生の縦断的な分析——　教育心理学研究, 49, 1-10.
高橋 登（2017）．読み書きの発達　秦野 悦子・高橋 登（編著）　言語発達とその支援（pp. 147-166）　ミネルヴァ書房
玉岡 賀津雄・小坂 圭子（2003）．就学前 5 歳児を対象とした聴覚性文理解テストの作成　音声言語医学, 44, 315-320.
常深 浩平（2012）．物語と過去　福田 由紀（編著）　言語心理学入門——言語力を育てる——（pp. 147-148）　培風館
常深 浩平・楠見 孝（2010）．物語理解を支える知覚・運動処理——擬似自伝的記憶モデルの試み——　心理学評論, 52, 529-544.
内田 伸子（1990）．言語の産出　内田 伸子（編）　言語機能の発達（pp. 183-221）　金子書房
van Dijk, T. A., & Kintsch, W. (1983). *Strategies of discourse comprehension*. San Diego, CA.: Academic Press.
ヴィゴツキー, L. S.　柴田義松（訳）（2001）．新訳版・思考と言語　新読書社
Zwaan, R. A., & Radvansky, G. A. (1999). Situation models in language comprehension and memory. *Psychological Bulletin*, 123, 162-185.

第11章 リテラシーと生涯発達
──自己と世界を知りゆくための言葉

西垣 順子

> 現在の日本の社会では，読み書きは大変に身近で重要な認知機能である。多くの人が義務教育を通じて読み書き能力（リテラシー）を「完成」させていくが，個人差も大きい。また，読み書き能力を生活や人生においてどのように活用するかも，人によって異なっている。公認心理師などの対人援助職が行う支援も多様で，読み書きができるようになることを支援することもあれば，読み書きすることを通じて心の健康の回復や発達を促す場合もある。本章では，よく知っているようで知らない読み書き能力について，その発達過程や社会における多様性，個人の人生を支える役割等について考えていくことにする。

1 リテラシーの水準

1-1 機能的リテラシーと高次リテラシー

リテラシーとは元々は読み書き能力を意味する。したがって，本章では基本的にこの意味で用いる。ただし現在は，○○リテラシーという表現を使って，当該の領域についての基本的な学習能力を有している状態や，当該の技術などを適切に使いこなせることをさすことが多い。たとえば科学リテラシーは，科学的な内容の文章を読み書きできることが基本的な意味であるが，科学的な思考力を有していることも含めて意味する場合が多い。類似の表現に，数学リテラシー，メディアリテラシー，健康リテラシー，政治リテラシーなどがある。

読み書き能力としてのリテラシーは，発達の進み具合に応じて，**基本的リテ**

ラシー，機能的リテラシー，高次リテラシーに分類できる。**基本的リテラシー**は小学校入学前後の読み書き能力をさすが，現代の社会では基本的リテラシーのみでは生活をしたり仕事をしたりすることはほぼ不可能である。そこでそれよりも水準が高く，社会生活を営むのに必要なリテラシーとして機能的リテラシーと高次リテラシーがある。ただ，これらをそれぞれどのように定義するか，どの水準までを機能的リテラシーと呼ぶのかは，時代によっても研究者の立場によっても異なっている。

　社会生活を営むのに十分な機能を有するリテラシーという考え方は，1920-30年代の米国ですでに登場しつつあったが，**機能的リテラシー**という用語が本格的に使われるようになったのは，1956年にグレイ（Gray, W.）がUNESCO（国連教育科学文化機関）に提出した報告書がきっかけであった（小柳，2010）。第二次世界大戦後に発足した UNESCO は世界の識字率の向上に取り組んできたが，思うような成果が必ずしもあがっていなかった。状況を改善するための方策の検討を依頼されたグレイは，それまでに UNESCO が行っていた識字教育活動は，初等教育水準の内容が中心で大人の生活には役立たず，学習意欲を喚起しないことを批判した。そして，「人が所属する文化または集団において読み書き能力がごく普通に前提とされるあらゆる活動にその人が従事できるための読み書きの知識と技能」である機能的リテラシーを，識字教育活動の目標に位置付けるべきだと主張した。

　なお，OECD（経済協力開発機構）が **PISA** と呼ばれる国際学力比較調査を2000年以降3年に一度実施している。PISA が対象とするのは，日本では高校1年生（義務教育終了直後）の学力であり，読解力の測定も行われている。この PISA が求める読解力とは「効果的に社会に参加する能力」と PISA 開始時に定義されていた（その後の定義には変遷があるが社会参加は変わらず重視されている）。これはグレイが提唱した機能的リテラシーに近いと考えてよいだろう。

　今日の社会では，人々が従事するリテラシー活動の様相は大きく変化したと言える。読み書きする文章の量的増大に加えて，情報機器やインターネットといった新しいツールが登場し普及した。仕事をこなし，生活を豊かにしていく

ために必要なリテラシーの水準は、グレイの時代よりも高くなったと言える。そこで昨今は、機能的リテラシーとは別に**高次リテラシー**という用語が使用されることも増えている。機能的リテラシーと高次リテラシーをどこで区分するかについては、必ずしも研究者の間で共通見解があるわけではないが、大学教育で求められる水準が高次リテラシーとおおむね理解することができる。批判的に読んだり、複数の文献を比較対照したり、先行研究を参照しながら自らの主張を表現したりすることが含まれる。なお楠見（2016）は高次リテラシーを「機能的リテラシーを土台にした、領域知識と**批判的思考**に基づく読解やコミュニケーションの能力」と定義している。批判的思考は、与えられた情報等の真偽をよく見極めて、騙されたり偏ったりすることなく判断をしたり、必要に応じて判断を保留したりできることである（詳細は楠見・道田（2015）など）。

1-2 市民リテラシー

グレイは機能的リテラシーを提唱するにあたって、学習者の自立と社会参加を強調していた（小柳、2010）。PISA でも同じく、「効果的に社会に参加する」ことが重視されていた。社会参加とは、たとえば職業世界に一方的に適応するといった消極的な意味ではなく、一人ひとりが社会を形成していくということである。その中には、たとえば自分自身や身近な誰かが不当な目に遭ってしまった場合などに、それを訴えてより生きやすい社会を創っていくことも含まれるだろう。民主主義社会に生き、民主主義社会を支える市民（citizen）として我々は、**市民リテラシー**を持つ必要があり、そこには政治家や識者の発言・発信やメディアがもたらす情報を批判的に吟味する能力と、そのような批判的検討を経て投票行動などを決定していくことが含まれる。なお、市民リテラシーと前述の高次リテラシーの関係について、楠見（2016）は次ページの図 11-1 のように整理している。批判的思考力や領域別（科学・健康など市民生活に必要な領域）のリテラシー、情報技術に関するリテラシーを駆使して、私たち市民は生活に必要な情報を獲得し、他者に伝え、随所で適切な行動をとっているのである。

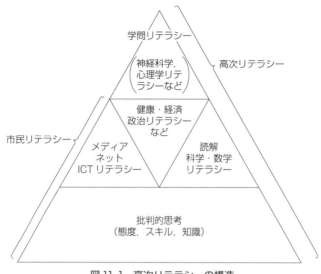

図 11-1　高次リテラシーの構造
（出所）楠見（2016），p.11.

1-3　リテラシーの発達・高次化を支える認知機能

　リテラシーの獲得は就学と相前後して始まり，学校教育を通じてより高次化していく。リテラシーの高次化は子どもたちの認知機能の増大に支えられているが，ここでは主なものとして次の三つを挙げておく。

　一つは**ワーキングメモリ**容量の増加である。ワーキングメモリとは，情報を処理しながら保持する記憶の機能で，文章を読み書きするときにはなくてはならないものである（第6章も参照）。基本的リテラシーを習得して文字や単語が一通り読めるようになると，言語的なワーキングメモリ容量は個々人の文章理解力を予測することが広く確認されている（e.g., 湯澤, 2014）。

　二つめは**既有知識**（prior knowledge）の増加である。日頃行う読み書き活動を振り返ってみてほしいのだが，文章を書くときはもちろんのこと読むときでも，その文章の内容をある程度は知っている必要がある。大学生であれば，自分の専門分野の文章は読めても，別の専門分野の文章を読むことは困難である。児童生徒は学校などで学ぶ中で知識を増やしていくが，そのこともまた彼女・

彼らのリテラシーの発達を促すことになる。

　三つめは，読み書きするための**方略**（strategy）の獲得，または**メタ認知**の発達である。それなりの長さや複雑さのある文章の読み書きをするとき我々は，何らかの工夫を行っているが，この工夫は心理学では方略と呼ばれる。メタ認知の「メタ」は「上位の」という意味で，自分自身の認知（認識や思考活動など）を認知すること，つまり監督（**モニタリング**）して制御（コントロール）することをさしている。文章を読んだり書いたりするときに使う方略はメタ認知能力の一種である。長くて複雑な文章を読むためには，自分がどこまで理解できているかをモニタリングしたり，理解に失敗していればそれを修正するための行動（読み返しなど）をとったりする必要がある。書く際も同様である。また方略使用などのメタ認知は，児童生徒の読み書き能力の育成や支援においても，その手段としての有効性が報告されている（e.g., 秋田, 2008）。

2　リテラシーを問い直す

　前節では，個々人が子どもから大人へと発達していく過程での，基本的リテラシーから高次リテラシーの獲得に至る道筋を説明した。読者の皆さんはここで，リテラシーの発達についての一つの道筋，低次から高次へと進む一本の道筋を想定しているかもしれない。だが今日の社会で使用されるリテラシーは，機能的リテラシーにせよ高次リテラシーにせよ，相当程度に多様である。

2-1　多様なリテラシー

　リテラシーは，文章を読み書きするための「普遍的なスキル（技能）」の集合体だと認識されることが多い。たしかにこのようなリテラシー観は，自分自身が育ってきた文化の中に留まる限りは理解しやすいものであるし，特定の技能を教えれば教育や支援が成立するという意味でも，便利な考え方であろう。

　しかし近年，このような考え方には疑問が呈されている。たとえば，高次リテラシーの一つに**アカデミックリテラシー**がある。大学で学問をするために必

要とされる読み書き能力であるが，西垣（2010）によると，1990年代の終わりころからイギリスのリー（Lea, M.）とストリート（Street, B.）を中心とする研究グループが行った調査結果から，アカデミックリテラシーの具体的な内容は非常に多様であり，学問分野間でも分野内でも相当程度に異なっていることが明らかになった。また，留学生などのそれぞれに多様な文化的背景を持った学生が，イギリスの文化に従った文章執筆のスキルを教え込まれると「これは（自分で書いたが）自分の文章ではないように思える」といった感情的な反応があることなど，リテラシーは学生の人格的な次元に深く根ざしたもので，たんなるスキルと考えることは不適切であることも指摘された。

リテラシーの内容が文化や歴史などによって相当程度に異なっているのは，アカデミックリテラシーのみではなく，リテラシー全般にわたって見られる傾向である。そのため近年は，literacy という不可算名詞をあえて複数形にして literacies と表記することもある。上述のリーとストリートらの研究における「アカデミックリテラシー」も，英文では"academic literacies"である。

学校においても社会においても，それぞれの場所に支配的なリテラシーがある。同時に，その支配的なリテラシーとは異なるリテラシーを使って生きている人々がいる。日本の社会であれば，外国人，帰国子女，障害のある人々などがいる。また男性と女性のリテラシーは異なっているが，社会で支配的なのは男性のリテラシーである。リテラシーを複数形で表記してその多様性を確認することは，支配的なリテラシーとそれ以外のリテラシーを対等なものとして扱い，マジョリティとマイノリティが相互に学び合いながら生きることにつながっていく（詳細は佐々木（2014）などを参照）という意味でも重要なことである。

2-2 批判的リテラシー

1節で批判的思考という言葉が出てきたが，**批判的リテラシー**の「批判」と批判的思考の「批判」は意味が少し異なっているので注意が必要である。批判的リテラシーは，文章の中に潜む「社会の抑圧的現実」を見抜き，それを克服する「批判的市民」となるためのリテラシーである（小柳，2010；竹川，2010）。

我々が日々接する文章には、その文章にかかわる人々（著者などの文章の作成にかかわった人やその文章を読んでいる人々）が無意識のうちに受容している世界観が反映されている。一例を挙げよう。野口晴哉（1911-1976）という整体法を提唱していた人物のところにある日，整体指導をしている人物から質問の手紙が届いた。そこには，その人が対応に苦慮しているクライエントの家族構成が書かれていた。本人は25歳であること，両親は死亡していて兄夫婦と暮らしていること，婚期を逃した姉がいることなどが書かれていた。野口は「婚期を逃した姉」という表現に潜む，手紙を書いた人物やクライエントの家族が持っている世界観（女性は何歳までに結婚をしないといけない，そうしなかった女性は劣っているといった世界観）を批判し，その姉は別に結婚したいとは思っていないだけなのかもしれないのに，勝手に「婚期を逃した」と決めつけるようではクライエントの健康回復のお手伝いなどできないということを述べている（野口，1982）。今日ならば「婚期を逃した」という表現に違和感を持つ人も普通にいるかもしれないが，1980年代においてそれは大変に支配的な考え方だった。本節の文脈で言えば「野口晴哉は批判的リテラシーを持っていた」と言えるだろう。

　なお，本項の冒頭で批判的リテラシーと批判的思考は異なると述べたが，批判的思考に長けた人でも，野口と同様に手紙の記述のおかしさに気づくことは可能であろう。そういう意味で両者には重なる部分もある。他方で批判的リテラシーの特徴は，情報の正確さや根拠の正当性のみではなく，「独身女性に対する蔑視」「女性・男性の生き方への偏見」という「社会の抑圧的現実」への気づきを重視する点にある。このような批判的リテラシーが重要とされる背景には，社会に存在する不平等を顕在化させる言葉を持つ（批判的リテラシーを持つ）ことがなければ，高次リテラシーや高次の思考力の形成を目指しても，学習者の主体的な社会参加は促進されないという，世界各地で展開された教育実践を踏まえた経験知がある（竹川，2010）。

2-3 フレイレの実践と思想

　批判的リテラシーがリテラシー研究で注目されるようになったのは1980年代からと言われる（小柳, 2010；竹川, 2010）。その基盤には，ブラジル出身の識字教育の実践家であり教育学者であるフレイレ（Freire, P.：1921-1997）の思想がある。

　フレイレは20歳代後半から40歳ごろまで，当時は識字率が非常に低かったブラジルの農民の識字教育に携わっていた。最初は学校のような形で文字を教えようとしたがうまくいかず，悩み，そして試行錯誤しながら，彼独自の識字教育方法を編み出し，識字率の向上に大きな成果を上げた。

　フレイレはまず農民たちの生活の中で，彼らが話す言葉に徹底的に耳を傾けた。そして彼らの日々の生活の中にある素朴な願い，関心，世界観が反映された言葉をピックアップした。そうすることで，大地主を代表とする当時のブラジルの支配階級がもつ文化とは異なる，非識字状態に置かれていた農民たちの文化を見出した。そして文化サークルと呼ばれる**対話型の学習**を通じて，日々の生活や労働を表す言葉を使って文字を学び，文字を学びながら自分たちの生活世界の構造がどうなっているのかや，なぜ自分たちが非識字の状態に置かれて文字を奪われてきたのかについても学ぶようにしていった。フレイレの実践において教師は「教える人」ではなく，学習者たちが自分たちが暮らす社会の抑圧と被抑圧について気づき，自己解放をしていくのを促す「調整者」であった（Freire, 1970 小沢・楠原・柿沼・伊藤訳 1979）。なお，このようなフレイレの教育実践を**課題提起型教育**と呼ぶ。

　フレイレの実践は識字率の向上という実用的な成果をあげたが，その過程を通じてフレイレが見出したのは，読み書きはたんに情報を得たり伝えたりする道具なのではなく，**被抑圧からの解放**であるという実存的ともいえる成果であった。文字や教育を受ける権利を奪われてきたという被抑圧状況から脱するには，まずは抑圧されている人々がその抑圧状況を自覚し，社会を変革していく主体とならなければならないという思想であった。このようなフレイレの主張の正当性は，「上から与える」やり方の識字教育が成功しなかったことによっても裏付けられるだろう。だが彼の思想は独裁体制を敷いていた故国ブラジル

には不都合とされ，1964年に彼は投獄され，他国への亡命を余儀なくされた。

その後は亡命先のチリでも同様の実践を行い，1970年にスイスに移住して後は UNESCO の識字教育活動に協力するなどして世界的に活躍した。1975年には「識字のための国際シンポジウム」で採択された**ペルセポリス宣言**の作成にも携わった。ペルセポリス宣言ではリテラシーを「たんなる読み・書き・計算の修得能力にとどまらず，人間の解放とその全面発達に貢献するもの」と定義し，**文化創造—社会変革的リテラシー**（culture-generative/social-transformative literacy）として位置づけている。なおフレイレは61歳でブラジルへの帰国を果たし，サンパウロ市の教育長として仕事をしたのちに故国で生涯を閉じた。

2-4 リテラシーの相対化

読み書きの能力があることは，能力がないことよりもよいことだと多くの人は考えるだろう。実際に読み書きができないと不便なことが非常に多い。だが，2-1項で示したような literacies というとらえ方が支持されるということは，リテラシーそのものを相対的なものとして理解すべきという主張にもつながる。

たとえば，イリイッチ（Illich, I.）が提唱した**精神の文字化**という考え方がある。これは，読み書きができるようになることで，私たちの精神が読み書きにとらわれてしまい，読み書きをせずに口頭での言葉のやり取りで暮らしていたころにあった精神の即興性や自由さを失ってしまうという主張である。

たしかに言われてみれば，そういうこともありうるだろう。たとえば読み書きに障害を持つ人々が持つ精神のあり方には，読み書きをする人間を超えた魅力があるという指摘もある（e.g., Shaywitz, 2003 藤田訳 2006）。そうはいっても現在の日本の社会で，読み書きをしないで暮らすのは至難の業であり，何らかの事情で読み書きができないでいる人々には支援が必要になるだろう。ただその際には，「マジョリティが使用しているリテラシー」を相対化し，読み書きができるとはどういうことなのかを，そのつど考え直すことが必要で，読み書きをすることなく生きてきた人々から学ぶという姿勢も求められるだろう。

3 生涯発達と書き言葉

3-1 日本社会における青年・成人のリテラシー保障

　読み書き能力の獲得や発達というと，学校に通う年齢の子どもたちの問題と思われがちかもしれない。しかし実際には，現在の日本の社会には，成人になっても読み書きに困難を持つ人々が存在している。知的障害や学習・読み書きの障害を持つために十分なリテラシーを獲得できない人もいれば，厳しい家庭環境や貧困などのために学校に通えなかったり，かろうじて通っていても十分に学べなかったりしたままで大人にならざるをえなかった人もいる。日本では学校教育が普及しているので，後者のタイプは見過ごされがちであるが，たとえば2017年11月2日にNHKの「クローズアップ現代＋」で「ひらがなも書けない若者たち」という番組が報道されるなど，近年は注目が集まりつつある。この番組で登場していたのは，家族の暴力や病気，貧困のために小学校に通うことができなかった若者たちであった。

　一定の年齢になっても労働に参入できない若者や成人の問題は，就労や社会参加への姿勢からアプローチされることが多いが，その背景には往々にして彼・彼女らのリテラシーの低さがあることも指摘されている（岩槻，2016）。またグローバル化が進む中，外国にルーツを持つ子どもたちも増えている。日本での生活のためには日本語による読み書きが必要であるが，親も含めた近親者とのコミュニケーションでは母語が重要である。2節でも述べたように，言語やリテラシーは個人のアイデンティティに根差すものでもあり，多文化にルーツを持ったり多文化間を移動したりする人々には，母語と日本語の両方の学習と発達が保障されなければならない。

　なお，成人になってから読み書きなどを学ぶ必要のある人々のために，夜間中学が存在している。公立の**夜間中学校**（夜間学級と通信制）と**自主夜間中学**と呼ばれるボランティアなどで運営される民間の学習施設がある。夜間中学は数が不十分な上に首都圏と関西圏の大都市に偏在しているなど多くの課題があ

る（学びリンク，2016）。他方で2015年には基礎教育保障学会が設立されるなど，成人を対象としたリテラシー保障の取組が組織的に展開されつつある。

3-2 青年・成人期の発達とリテラシー

　基本的リテラシーや機能的リテラシーを学校教育で身につける機会があった場合でも，文章を読み書きする能力は青年・成人・老年期に至るまで生涯にわたって発展する可能性があるし，必要性もある。1節で言及した高次リテラシーや市民リテラシーの獲得はとくに重要と思われる。とくに20歳前後は，大学進学や就職等によって新しいリテラシーの獲得が促され，それによってリテラシーの多様性を自覚できる時期でもあり，このことを西垣（2016）は「第2期書き言葉」の獲得と呼んでいる。さらに，人間発達のより高次の段階では，新しい言葉やリテラシーを創造することもありうるだろう。言語は歴史的にその姿を変えてきたものであり，それらはその時その時に人生や社会と格闘してきた人々が，新しい表現を生み出し，使用してきた結果でもある。英語圏の例だが，2節でも紹介したliteraciesはその一例である。

　ただし通常，自分自身が巻き込まれているリテラシーや思考パターンを自覚するには，何らかの教育的働きかけを受ける必要などがあり，現在の日本社会においてはリテラシーの生涯発達とその支援は体系的に展開されているとは言いにくい状況かもしれない。

　なお，発展し続けるリテラシーは個々人の生活の充実や**生涯発達**を支える役割も果たしている。人間の生涯発達は様々な能力の獲得と喪失から作られるが，守屋（2006）はある時点の喪失によって崩れたバランスが獲得や喪失状況のとらえ直しによって回復されないままに推移する状態のことを「心理的死」と呼んでいる。心理的死に見舞われる危険性は若い人にも老人にもあるが，このバランスの回復に読み書きが一役買うことはあるだろう。読書は生きる知恵を学ばせてくれるし，ブログや自分史を書くことで，自分自身や自分が生きる世界を見つめなおし，新たに生きる力を得る人もいる。

　なお，このことは必ずしも，高い読み書き能力を有する人のみにあてはまる

のではない．紙幅の都合で詳述はできないが，大沢（2003）は読み書きができないままで生きてこざるを得なかった中高年の人々が，識字教室で文章を書きながら自分自身を見つめなおしていく姿を詳細に報告している．また田中（1989）は，知的障害のある30歳代の女性（発達年齢は4歳前後）が，生活の中で随所に書き言葉を使いつつ，大事な思いを他者に伝えたり，自分自身について考えたりする様子を報告している．

また自分自身の生涯発達という視点を超えて生涯発達と読み書きを考察する上では，彩の国こども・若者支援ネットワークの土屋匠宇三氏の文章が重要な点を指摘している．

「これまでは自分がよりよく生きるために本を読んできたが，自分のちょっと周りにいる人にもよりよく生きてほしいと思うようになってきた．だとすると，私の次の課題は読むだけではなく，いまがどういう時代なのかを書いて作り出していくことのようだ．」（土屋，2018，p.101）

成人期以降の発達には，自分で自分の発達を守ることや，自分の仲間や次の世代の発達を守っていくことも課題となる．このような課題に直面する個人を支えるとき，リテラシーの支援とリテラシーを使った発達支援の両方が重要になるだろう．

> ❖考えてみよう
> 小学校時代に不登校になり，自宅に引きこもっている青年の支援に携わることになった．学校に行っていないことからリテラシー発達に問題があり，そのことが就労を含む社会参加を阻んでいる可能性が高い．本章の内容などを参考に，彼（彼女）のリテラシー発達のための支援プログラムを考えてみよう．

もっと深く，広く学びたい人への文献紹介

小柳 正司（2010）．リテラシーの地平——読み書き能力の教育哲学——　大学教育出版
　☞本章で登場した各種のリテラシー概念が，歴史的・制度的・実践的背景も踏まえつつ，わかりやすく解説されている．

楠見 孝・道田 泰司（2016）．批判的思考と市民リテラシー——教育，メディア，社会を変える21世紀型スキル——　誠信書房

☞21世紀の市民が直面する多様な問題の解決のために，批判的思考と市民リテラシーが果たす役割を学際的に検討。学校・社会教育実践への示唆も豊富。

引用文献

秋田 喜代美（2008）．文章の理解におけるメタ認知　三宮 真智子（編）　メタ認知——学習力を支える高次認知機能——（pp. 97-109）　北大路書房

Freire, P. (1970). *Pedagogia do oprimi. do.* São Paulo; Brazil: Paz e Terra.（フレイレ，P.　小沢 有作・楠原 彰・柿沼 秀雄・伊藤 周（訳）(1979)．被抑圧者の教育学　亜紀書房）

岩槻 知也（2016）．社会的困難を生きる若者と学習支援——リテラシーを育む基礎教育の保障に向けて——　明石書店

小柳 正司（2010）．リテラシーの地平——読み書き能力の教育哲学——　大学教育出版

楠見 孝（2016）．市民のための批判的思考力と市民リテラシーの育成　楠見 孝・道田 泰司（編著）　批判的思考と市民リテラシー——教育，メディア，社会を変える21世紀型スキル——（pp. 2-19）　誠信書房

楠見 孝・道田 泰司（2015）．批判的思考——21世紀を生き抜くリテラシーの基盤——　新曜社

学びリンク（2016）．全国夜間中学ガイド——実態を知り，拡げよう！——　学びリンク

守屋 慶子（2006）．中・高年期からの心理的発達——「適応」から「創造」へ——　立命館文學，*594*, 1050-1066.

西垣 順子（2010）．大学生のアカデミックライティング教育におけるアカデミッククリテラシーズアプローチの可能性と課題　大阪市立大学大学教育，*8*(1), 47-51.

西垣 順子（2016）．青年期教育としての大学教育を拓くための研究課題——発達心理学の観点からノンエリート青年の発達保障と大学教育を考える——　大学評価学会「大学評価を考える」第7巻編集委員会（編）　大学評価と「青年の発達保障」（pp. 9-28）　晃洋書房

野口 晴哉（1982）．思春期　全生社

大沢 敏郎（2003）．生きなおすことば——書くことの力　横浜寿町から——　太郎次郎社エディタス

佐々木 倫子（2014）．マイノリティの社会参加——障害者と多様なリテラシー——　くろしお出版

Shaywitz, S. (2003). *Overcoming dyslexia.* New York: Alfred a Knopf Inc.（シュウェイツ，S.　藤田 あきよ（訳）加藤 醇子（監修）(2006)．読み書

き障害（ディスレクシア）のすべて――頭はいいのに，本が読めない――PHP 研究所）
竹川 慎哉（2010）．批判的リテラシーの教育――オーストラリア・アメリカにおける現実と課題――　明石書店
田中 昌人（1989）．自制心の普遍化による自治能力の発生　人間発達研究所（編）　集団と人格発達――青年・成人期障害者の発達保障3――　全国障害者問題研究会出版部
土屋 匠宇三（2018）．「君たちはどう生きるか」と問われて　教育科学研究会（編）　教育, *866*, 100-101.
湯澤 正通（2014）．ワーキングメモリと国語の学習　湯澤正通・湯澤美紀（編）ワーキングメモリと教育（pp.99-115）　北大路書房

第12章　第二言語・外国語の習得
——複数の言語を学んで生きる

石王敦子

> 　二つの言語を理解し使用する人たちをバイリンガルという。一般的に，子どもが最初に習得する言語は**第一言語**や**母語**といわれ，それ以降に習得を始めた言語を**第二言語**という。近年，日本でも小学校での英語教育が導入されるようになった。日本の学校で英語を学ぶ場合のように，習得目標となる言語の使用場面が教室などに限られており，まわりで使われていない場合での習得を「外国語の習得」という。日本の子どもたちは，週に何回か学校での限られた時間に英語に接するが，その時間が終わると周りはすべて日本語の環境になる。一方で，最近は日本でも外国から労働者を受け入れることが多くなってきた。日本で働く外国人たちは，日本で職を得て日本で生活するために日本語を獲得していく。おそらく同じ国の出身者たちと話す以外に，日本で自分の国の言葉を使うことは少ないだろう。このように，圧倒的に習得目標の言語が使われている環境でその言語を習得しようとする場合には，「第二言語の習得」という。本章では，外国語と第二言語をとくに区別することなく，第二言語の習得として考えていく。

1　バイリンガルとは

　バイリンガルの定義は幅広い。山本（1991，2014）によると，「ある言語の話し手がもう1つの言語で完結し，かつ意味のある発話ができる時点（Haugen, 1969）」という多くの人が含まれるような広い定義から，「2つの言語を母語話者のようにコントロールできること（Bloomfield, 1935）」という非常に限定さ

れた人たちしか対象にならないような狭い定義まである。広い定義によると，多少とも英語を学んできて何か一言でも話せればバイリンガルといわれることになるが，一方で，狭い定義によるバイリンガルは，達成すべき目標が非常に高いことになる。通常は，その中間の「2つの言語を使用する能力を持つ人」（山本，1991）や「コミュニケーションの場で，場面に応じて二つ以上の言語を使い分けるような人」（芳賀，1988, p.250）を考えることが多い。英語とフランス語のバイリンガル都市に行くと，街で出会う誰もが，まずは「ハロー，ボンジュール」と言って，英語とフランス語の両方で「こんにちは」と声をかけてくる。そして，相手が「ハロー」と返せば英語で，「ボンジュール」と返せばフランス語での会話が始まる。相手の返事を待って二つの言葉を使い分けており，まさに場面に応じて言語を使い分けているという状態である。

1-1 バイリンガルの様々なタイプ

バイリンガルにも多様なタイプがある。バイリンガルになった事情は一つではなく人それぞれであり，そのことは，バイリンガルの人の言語的背景が多様であることを示している。バイリンガルの認知研究では，多様な言語的背景をどう統制（コントロール）していくかが問題になることが多い。また，心理職として支援にあたる場合も，当該の人がどのような言語的背景をもっているかを把握しておくことは大切なことである。山本（2014）では多くのタイプが示されており，ここではそれにしたがって，その中から代表的なものを挙げておく。

まずは二つの言語の習得時期による分類である。生まれてから，または生後かなり早い時期からつねに2言語にさらされる環境の中にいて，2言語を同時に習得し始める場合を**同時バイリンガル**という。たとえば保護者の一人がつねに日本語，もう一人がつねに英語で話しかけるような場合である。子どもは二つの言語に同時に接触していることになる。そのため，同時バイリンガルには，二つの第一言語があると考えられている。一方で，ある言語を習得し始めたあとに，もう一つの言語を習得し始める場合を**継続バイリンガル**という。どの程

度の時間差があれば継続バイリンガルとみなされるのかという点については，研究者によって意見が異なる。

　言語能力についての分類では，二つの言語能力がほぼ等しいバイリンガルを均衡バイリンガル，二つの言語能力に差がある場合を偏重バイリンガルという。均衡バイリンガルは，必ずしも二つの言語のそれぞれがその言語を母語とする単一言語話者（**モノリンガル**）の能力と同じということを意味していない（山本，2014）。この分類は，使用している2言語の能力が同じぐらいか，優劣があるかということである。通常は，どちらかの言語の方が優位であることが多い。

　また，社会的位置づけの中におけるバイリンガルの分類としては，主流派バイリンガルと少数派バイリンガルがある。当該社会で威信性が高いとみなされる言語を母語とし，それ以外の言語を二つめの言語として習得する場合は，主流派バイリンガルとなる。日本語を母語とする人たちが，日本で英語を習得しようとする場合などである。この場合，二つめの言語である英語を習得できなくても日本での生活が不便になるわけではない。一方，少数派バイリンガルは，社会的な位置づけとして少数派とみなされる言語を母語とし，二つめの言語として主流派言語を習得するバイリンガルをさす。移民の人たちが移住先の言語を学ぶ場合がこれにあたる。この場合は，二つめの言語を習得することが，職業を得たり生活を快適に過ごしたりすることに直結していく。

1-2　「読む・書く・聞く・話す」能力と第二言語

　言語には「読む・書く・聞く・話す」の四つの能力がある。母語の場合は，必要な教育を受けることによって，それぞれの能力をまんべんなく発達させていくことが目標とされる。第二言語を習得する場合，四つの能力を同じように同時に発達させることができればそれにこしたことはないが，それが困難な場合も多い（石王，2005）。たとえば，移民として移り住みそこで職を得るためには，まずはその国で使用されている言語で聞いたり話したりできることが必要である。そうすると，どうしても読み書きは二の次になってしまう。結果とし

て，読み書きの能力は，聞いたり話したりする能力に比べて習得が遅くなる。一方で，日本で英語を学ぶように，教育場面で第二言語を学習してきた際には，読み書きは多少できるが，聞いたり話したりする能力がうまく習得できないことがある。先に2言語の能力について，均衡バイリンガルと偏重バイリンガルの分類を紹介したが，各言語のそれぞれについても，ある言語では聞いたり話したりすることの方が得意だが，もう一つの言語では読み書きの方が得意であるなどの偏りがみられる可能性はある。なお「バイリンガル」の各定義では，とくに言語の四つの能力についてまでは言及されていない。「コミュニケーションの場で場面に応じて2言語を使い分けられる」という定義からも，私たちのイメージでは，バイリンガルというときには，どちらかといえば聞いたり話したりするコミュニケーション能力を念頭に置いている場合が多い。ただ，第二言語での読み書きの習得には，母語の読み書き能力が大きな役割を果たしている可能性が指摘されており（バトラー，2015），第二言語の習得を考えていくうえで，四つの能力を念頭に置いておくことは必要である。

2　第二言語習得に影響を与える要因

母語以外の言葉を学ぶ場合に，その習得に影響を与える要因がいくつか考えられる。ここではそれをみていこう。

2-1　習得開始の時期

何歳から学習を始めたかという習得開始時期が，第二言語の熟達度に影響することは，これまでの研究でも指摘されている。家族で海外に移住すると，大人よりも子どもの方がその国の言語を習得するのは早いという事例は，よく挙げられる。そしてこの問題は，生物学的な基礎である**臨界期**の問題として論争されることが多い。臨界期とは，発達のある時期にある経験をして獲得しておかないと，その後その能力を獲得することが不可能であることをさし，臨界期はその時間的な制限をあらわす言葉として用いられている。ビアリストクとハ

クタ（Bialystok & Hakuta, 1994 重野訳 2000）は，第一言語の獲得に臨界期があることを明らかに否定することは難しいとしている。それは，事情があって幼少期に言語的環境を奪われた子どもたちが，その後いくら学習をしても限定的な言語能力しか獲得できなかったという事例や，コミュニケーションの手段としてアメリカ手話を使っている成人聴覚障害者についての研究（Newport, 1990）などから考察された。ニューポートの研究（Newport, 1990）では，35歳から70歳までの実験参加者が手話を使い始めた時期によって三つのグループに分けられた。両親も聴覚障害者であり母語を学ぶように手話を家庭で使っていたネイティブ群，4歳から6歳の間に手話を学習し始めた早期学習者群，12歳以降に手話を学習し始めた晩期学習者群について，手話の様々な構造上の特徴についてテストをしたところ，単純な構造上の特徴についてグループ間の差はなかったが，複雑な特徴については早期学習者から晩期学習者になるにつれて成績が悪くなった。さらにいくつかのテストで，ネイティブ群は早期学習者群よりも成績が良かった。事例研究も含めて，これらの研究は方法上の問題点も多いが，一挙に臨界期を否定するまでには至らないという。

　それでは第二言語の獲得に臨界期はあるのだろうか。臨界期を主張する人たちには，その時期を過ぎれば第二言語の獲得はできないと考える極端な立場から，もう少しゆるやかな立場まで様々な考え方がある。強い臨界期仮説によると，思春期以降には言語獲得能力は急激に低下し，思春期以降だと何歳から始めようと第二言語の獲得は難しいものとなってしまうことになる。これらの問題を考えるうえで，第二言語の習得開始年齢と習得期間は統制が難しい変数である（Bialystok & Hakuta, 1994 重野訳 2000）。たとえば習得開始年齢を変数にして一定期間後の成績をくらべようとすると，テスト時の実験参加者の年齢が異なることになる。同じ5年間の学習成果をみようとしても，9歳と23歳でそれぞれテストを受けることになった子どもたちの成績を，直接比較してもあまり意味はないだろう。一方テスト時の年齢をそろえると，小さいときに習得を開始した方が習得期間が長くなり有利である。

　ビアリストクとハクタ（Bialystok & Hakuta, 1994 重野訳 2000）は，第二言語

の習得開始年齢と習得期間を注意深く統制した種々の研究を検討した結果，明らかな第二言語の臨界期を示唆するような結果は得られていないとしている。少なくとも，文法のような言語の抽象的側面を学習する能力については大人も子どもも変わらないという。しかし言語の音韻論的側面については，少し異なった結果が得られている。オオヤマ（Oyama, 1976）は，6歳から20歳の間にニューヨークにやってきて5～18年間在住しているイタリア人移住者について，なまりの程度を評定している。その結果，合衆国在住の期間となまりの強さには関係がなかったが，なまりと移住年齢の間には高い相関があった。幼いうちに移住した方が，なまりの程度は弱かったのである。

このように，第二言語のすべての側面は同じように習得されるのではなく，音韻と文法では習得される様子が異なることが示されている。さらに，文法の知識を口頭でテストする場合に習得開始年齢の効果を受けやすかったり，文法領域の中には習得開始年齢の影響を受ける領域もある（DeKeyser & Larson-Hall, 2005）。音韻についても同様で，領域によって影響が異なる。第二言語習得に明確な臨界期が認められないにしても，習得開始年齢は，第二言語習得の諸側面に複雑な影響を与えているのである。

2-2　学習方法

効果的な第二言語の学習方法はあるのだろうか。かつて，日本の英語教育が文法中心の授業であり，もっとコミュニケーションを中心にしたコミュニカティブな方法をとるべきだとの議論があり，実証研究も行われた（安藤他，1992）。読み書きだけでなく，聞いたり話したりする能力の育成も奨励され，大学入試センター試験でもリスニング問題が取り入れられて久しい。

第二言語を効果的に学ぶ方法として，カナダのニューブランズウイック州などケベック州周辺の地域で，古くから積極的に行われてきたものが，**イマージョン・プログラム**である（井上，2002）。イマージョン・プログラムは，子どもたちが第一言語の発達を損なうことなく第二言語を習得できるように設置されたプログラムである。カナダで1960年代後半に行われたプログラムでは，英語

を第一言語とする子どもたちに第二言語のフランス語を習得させることが目的であり，幼少のころからすべての活動を，第二言語をとおして行おうとするものであった。すなわち，第二言語の時間だけでなく，学校の中でつねに第二言語が使用されている環境なのである。井上（2002）によると，プログラムへの参加はあくまで自由であり，最初は第一言語を話すことも許される。教師は両言語を理解できるバイリンガルであるため第一言語も理解でき，いざというときのコミュニケーションには困らない。さらにイマージョン・プログラムにはいくつかのタイプがあり，プログラム開始時から全教科について行うもの，一部教科について行うもの，また就学前からではなく数年遅れて始めるものなどの数種類がある。しかし，いずれのタイプのプログラムでも開始後数年経過してからは，第一言語での授業時間数が増えていく。これは，第一言語の発達も保障しながら第二言語を獲得させることが，プログラムの目標であることによる。開始されて以来，多くのイマージョン・プログラムの評価では，子どもたちは第一言語も第二言語もほぼ十分に発達させることができたとしている。一方で，その効果が限定的であるとの指摘もある（バトラー，2015）。

　デカイサーとローソン＝ホール（DeKeyser & Larson-Hall, 2005）は，大人になってから第二言語の学習を始めた大人の学習者と子どものときから学習を始めた子どもの学習者の違いを，学習方法で考えている。彼らによると，第二言語学習の初期段階には，大人の学習者の方が子どもの学習者よりも達成度が高いが，最終的には子どものときから学習していた方が，母語話者に近い能力を習得するという。その理由として，子どもは言語を潜在的に学習するが，大人は顕在的に学習することを挙げている。そのために，大人は，言語構造の顕在的な学習によって最初は有利なのだが，**顕在学習**があまり役に立たないような領域，すなわち規則が非常に複雑で蓋然的なため顕在的規則が充分適用できないようなところでは，つまずくことになるという。子どもの学習者は，大量の入力による長期間の**潜在学習**を通して，母語話者に近い能力を獲得するのである。ただこの効果は，発音における日常的な観察でみられるが，文法領域での細かい調査ではそれほど差がないと述べている。彼らがいうところの潜在的な

学習は，おそらく子どもが第一言語を獲得する状況と同じで，日常生活の中で意識しないうちに大量の言葉の入力を受けている状況ではないかと考えられる。

2-3　第二言語を使い続けているか？——学習者の環境

バイリンガルの重要な言語的背景として，現在も第二言語を使っているかどうかが挙げられる（Palij & Aaronson, 1992）。第二言語を学習するだけでなく，それをずっと使い続ける環境であるかどうかが大切なのである。これは外国での滞在期間が長いからといって，必ずしもそれに比例して言語が熟達するわけではないことからも考察される（石王，2006）。たとえば，家族で移住してきて現地で職を持たずにもっぱら家族の世話をしているという立場の場合，外で現地の言葉にふれる機会が少なく，また家の中では母語を使用し続けるため，長年滞在していてもそれほど第二言語が熟達しないことがある。一方で，一人暮らしの留学生などは，一日中現地の言葉にふれて暮らしており，つねにその言葉を使い続けている環境にある。そうすると，滞在期間が短くても熟達度が高い可能性があるのだ。言語を学習し，そしてその後ずっとその言葉を使い続けているかということも，言語の熟達度に影響するのである。

言語は日々使い続けていくものであり，日々の経験がまた使っている言語に影響を与えていく。たえず環境と相互作用して変化していくものであると考えると，第二言語も使い続けていく環境が大事になると考えられる。

3　2言語環境で育つ子どもたち

2言語環境で育つ子どもたちには，第一言語を最初に習得してから第二言語を習得し始める場合と，生後ほぼ同時に2言語を習得し始める場合がある。最初に2言語をほぼ同時に習得し始める子どもの言語発達を，音韻の獲得，語彙数の増加，語意の獲得，文法の獲得などの観点からみていこう。

3-1 第二言語の発達様相
①音韻の獲得

　もともと，乳児は人の音声に注目をし，人の発話のリズムを識別してそれに合わせて身体を動かす（同期行動）ということが示されている（Condon & Sander, 1974）。コンドンとサンダー（Condon & Sander, 1974）の実験では，生後12時間の新生児は，母語となるはずの英語の発話にもそうではない中国語の発話にも同じように反応しており，この時点では言語の区別はなく人の音声が乳児の同期行動を引き起こすのに有効な刺激であることが示される。しかし，その後乳児は急速に，自分の周囲で話されている言語（母語であることが多い）に偏った敏感さを示していく。メレール他（Mehler et al., 1989）は，**吸啜反応**による**馴化・脱馴化法**の手続き（第9章参照）を用いて，フランス人の乳児が，一人のバイリンガルの話すフランス語とロシア語の違いにどの程度敏感かを調べたところ，誕生時の乳児は言語の違いにまだ反応しないことが示された。しかし，生後4日の乳児はすでに母語のある特徴に敏感であることが示された。このことは，生後4日間というわずかの時間母語に接するだけで，乳児はフランス語とロシア語の韻律的パターンの違いに反応したことを示している（落合, 2001）。音韻に関しては，最初はどの言語にでも反応していた乳児が急速に母語に特化した敏感さを示すことから，おそらく2言語環境に育つ子どもの場合，その2言語に対して敏感になっていくだろうと予想される。

②語彙数の増加

　はじめて意味のある言葉が発せられるのは，生後1年前後でこれを**初語**というが，その後語彙数は増加していく。語の内容も変化に富み，品詞の種類については一つでもその品詞が出現するという基準では，ほぼ2歳で品詞が出そろう。日本語では助詞が重要な働きをするが，主な助詞は3歳までには出現する。それでは2言語環境に育つ子どもたちの語彙獲得はどのようになっているのだろうか。山本（2014）は，バイリンガルの子どもの語彙数を調査することの困難さを紹介している。モノリンガルの子どもであれば，その子が知っている語彙の数を数えればよいが，バイリンガルの子どもの場合は，一つの概念に2種

類の言葉が結びついていると考えると，これをどう数えるかが困難であるという。たとえば「ほん」という言葉と音がそれをあらわす概念と結びつき，「book」という言葉と音がそれを表す概念と結びついていると考えるなら，語彙は二つと数えられるが，「ほん」と「book」のあらわす概念が一つであるならば，それを二つと数えてよいのかということになる。このようにバイリンガルの子どもの語彙獲得は，語彙数については直接的に比較できないが，モノリンガルの子どもと同じように，**喃語から一語文，二語文へと進み，語彙の爆発期**も同じようにあることがわかっている（山本，2014）。なお，一つの概念には一つの言語の語彙が対応するのか，一つの概念に二つの言語の語彙が対応するのかについては，成人バイリンガルの認知モデル研究においても長年の論争点である。

③**語意**（語の意味）**の獲得**

　語とその指示対象を対応づけて語の意味を獲得する過程についても，バイリンガルの子どもたちは，モノリンガルの子どもたちと少し異なる様相をみせる。落合（2001）によると，子どもは，18か月から6歳までに1日数語の語彙を獲得し，しかも，あまり間違いを経験することなくそれぞれの言葉の意味を獲得しているように思われる。子どもはたった一度のインプットでも新しい言葉を特定の概念領域に対応づけるといわれており，この現象を説明するために，マークマン（Markman, 1992）は三つの制約を考えている。**事物全体制約，カテゴリー制約，相互排他性制約**である（第8章も参照）。このうち，相互排他性制約は，主に「言葉の指示対象をいかに決定するか」という問題を扱う。

　さて，この相互排他性制約は，バイリンガルの子どもたちには適用が難しい。2言語の環境に育つ子どもたちは，一つの概念に二つの言葉や音が結びつくからである。山本（2014）は，日本語の「本」と英語の「book」の関係を異言語間同義語とよび，バイリンガルの子どもが，初語を発した直後に異言語間同義語を発したこと（Deuchar & Quay, 2000）を紹介している。この子どもは，年齢とともに語彙数が増えていくが，それとともに異言語間同義語も増えていくことが観察されている。これらから，バイリンガルの子どもたちは，相互排他

性制約に反して言語習得の早い段階から異言語間同義語を使用し始めることがわかる（山本，2014）。この事実から，相互排他性制約はバイリンガルの子どもには適用できないという主張もあることを紹介したうえで，山本（2014）は，**メタ言語**という観点から考察している。メタ言語とは，言葉それ自体や自己の言語活動を対象として客観的に分析できることである。自分の発話をふりかえって文法の間違いを訂正するのは，メタ言語の働きによるものである。山本（2014）によれば，言語発達の初期のころには，同義語を排除して言語獲得を進めるモノリンガルの子どもたちも，いずれ，一つの概念（対象あるいは意味）に複数の形式（名前や名称，語）があることを知ることになる。2言語環境に育つ子どもたちは，モノリンガルの子どもたちよりも早くからそのことに気づくようになり，それはメタ言語の芽生えが早期にみられることを意味しているのである（山本，2014）。

④**文法**の獲得

文法の発達については，マイセル（Meisel, 2004）が，生後まもなくから二つ以上の言語を習得し始めた子どもたちは，かなり早くから二つの言語の文法をあまり苦労もなく分化させて習得していると述べている。習得過程も，それぞれの言語のモノリンガルの子どもたちと同じような発達過程をとり，質的に劣ることもない。しかし，これはバイリンガルの子どもたちが「一人の人間の中に二人のモノリンガルが存在する」ということを意味するのではなく，社会的要求や文法的制限などによってシステマティックに言語を切り替える（スイッチング）能力を習得していることを示している。二つの文法を同時に習得していく過程は，独立的なものであるのかそれとも相互依存的なものであるのかについては，まだ議論が多くある。しかし，ときにはお互いの言語が影響し合って，特定の文法構造について習得が遅れたり早まったりすることはみられるが，これらの影響はほとんど一時的なものであり，最終的に到達する文法能力に影響をあたえることはないとされている（Meisel, 2004）。

第Ⅱ部　言語心理学

3-2　2言語をともに育てる

　崔（2002）は，韓国からの留学生の子どもたちについて，彼らが日本語を獲得していくようすを，母親にインタビューをすることによってまとめている。そこでは，子どもたちが第二言語を獲得していく様々なパターンが示されている。ある日突然日本にやってきて，日本語がまったくわからないまま保育所に通い，徐々に日本語を獲得していく子どもの例や，日本で生まれて育ち日本の文化にもなじみ，日本語が非常にうまくなった子どもに，なんとか年齢相応の韓国語を教えようと努力する親の姿などが紹介されている。

　様々な事情で子どもを2言語環境に置かざるをえない場合，最終的に自分たちが母国に帰ることを想定して，現地の言葉だけでなく母国語も身につけさせたいと考える保護者が大多数である。しかし，子どもたちには，母国語を学ばなければならないという意義もあまりわかっていないことが多く，教えようとする親たちに反発することもある。さらに，成長するにしたがって現地の学校に行く時間が長くなってくると，しだいに保護者たちと母国語で話す時間や会話が少なくなってくる。保護者と子どもたちのそれぞれが得意とする言語がずれてくることもあり，そうなると微妙なコミュニケーションがうまく取れないことも出てくる。日本から外国に赴任したり移住したりした人たちや，日本に家族ぐるみで働きに来た外国人などは，そのような状況になることがある。したがって，子どもたちに第二言語を学習させるだけでなく，子どもたちの母国語を守り，2言語をともに育てていくように配慮していくことが必要なのである。

> ❖考えてみよう
> 　小学校3年生と1年生の姉妹がいる家庭が，仕事の都合でフィリピンに移住することになった。とりあえずは5年程度と言われているが，もっと長くなるかもしれない。近所の方には「英語がペラペラになれてよいね」と言われているが，そんな単純なものだろうかと親御さんは心配している。この親子に対してどのように相談にのるか，考えてみよう。

もっと深く，広く学びたい人への文献紹介

山本 雅代（編著）井狩 幸男・田浦 秀幸・難波 和彦（著）(2014). バイリンガリズム入門　大修館書店
　☞バイリンガル・バイリンガリズムについて，基本的な知識や情報をわかりやすく紹介している。

バトラー後藤 祐子（2015）. 英語学習は早いほど良いのか　岩波新書
　☞言語学習と学習開始年齢についての問題を，データを紹介しながら解説している。

ビアリストク, E.・ハクタ, K.　重野 純（訳）(2000). 外国語はなぜなかなか身につかないか――第二言語学習の謎を解く――　新曜社
　☞外国語を学習する人の様々な問題や疑問について科学的に検証している。

引用文献

安藤 寿康・福永 信義・倉八 順子・須藤 毅・中野 隆司・鹿毛 雅治（1992）. 英語教授法の比較研究――コミュニカティヴ・アプローチと文法的・アプローチ――　教育心理学研究, 40, 247-256.

Bialystok, E., & Hakuta, K. (1994). *In other words: The science and psychology of second-language acquisition.* New York: Basic Books.
　（ビアリストク, E.・ハクタ, K.　重野 純（訳）(2000). 外国語はなぜなかなか身につかないか――第二言語学習の謎を解く――　新曜社）

Bloomfield, L. (1935). *Language* (revised ed.). London: George Allen & Unwin.

バトラー後藤 祐子（2015）. 英語学習は早いほど良いのか　岩波新書

崔 昌碁（2002）. 二言語・二文化で育つ子どもたち――韓国人留学生の子どもたちの事例――　井上智義（編著）　異文化との出会い！子どもの発達と心理――国際理解教育の視点から――（pp. 44-63）　ブレーン出版

Condon, W. S., & Sander, L. (1974). Neonate movement is synchronized with adult speech interactional participation and language acquisition. *Science, 183,* 99-101.

DeKeyser, R., & Larson-Hall, J. (2005). What does the critical period in second language acquisition. In J. F. Kroll & A. M. B. de Groot (Eds.), *Handbook of bilingualism: Psycholinguistic approaches* (pp. 88-108). New York: Oxford University Press.

Deuchar, M., & Quay, S. (2000). *Bilingual acquisition: Theoretical implications of a case study.* Oxford: Oxford University Press.

芳賀 純（1988）. 言語心理学入門　有斐閣

Haugen, E. (1969). *The Norwegian language in America: A study in bilingual behavior*. Bloomington: Indiana University Press.

井上 智義 (2002). 二言語教育と子どもの認知発達――バイリンガルの分類に着目して―― 井上 智義 (編著) 異文化との出会い！子どもの発達と心理――国際理解教育の視点から―― (pp. 29-43) ブレーン出版

石王 敦子 (2005). 外国語学習の意味について――バイリンガル研究の視点から―― 追手門学院大学地域支援研究センター紀要, *1*, 29-38.

石王 敦子 (2006). 外国語学習に影響する要因 追手門学院大学地域支援心理研究センター紀要, *2*, 18-28.

Markman, E. (1992). Constraints on word learning: Speculations about their nature, origines, and domain specificity. In M. R. Gunnar & M. Maratsos (Eds.), *Modularity and constraints in language and cognition* (The Minnesota symposia on child psychology, Vol. 25) (pp. 59-101). LEA.

Mehler, J., Jusczyk, P. W., Lambertz, G., Halsted, N., Bertoncini, J., & Amiel-Tison, C. (1989). A precursor of language acquisition in young infants. *Cognition*, *29*, 143-178.

Meisel, J. M. (2004). The bilingual child. In T. K. Bhatia & W. C. Ritchie (Eds.), *The handbook of bilingualism* (Blackwell handbooks in linguistics) (pp. 91-113). Oxford: Blackwell Publishers.

Newport, E. (1990). Maturational constraints on language learning. *Congnitive Science*, *14*, 11-28.

落合 正行 (2001). 語意の獲得における認知発達モデル構築の基礎的研究 追手門学院大学人間学部紀要, *12*, 1-20.

Oyama, S. (1976). A sensitive period for the acquisition of a nonnative phonological system. *Journal of Psycholinguistic Research*, *5*, 261-285.

Palij, M., & Aaronson, D. (1992). The role of language background in cognitive processing. In R. D. Harris (Ed.), *Cognitive processing in bilinguals* (pp. 63-87). Amsterdam: North-Holland.

山本 雅代 (1991). バイリンガル（2言語併用者） 大修館書店

山本 雅代 (2014). 第1章 バイリンガリズム・バイリンガルとは 第2章 バイリンガルの言語習得 山本 雅代 (編著) 伊狩 幸夫・田浦 秀幸・難波 和彦 (著) バイリンガリズム入門 (pp. 3-34) 大修館書店

第Ⅲ部

学習と言語の障害

第13章　学習と言語の障害
——教育現場での理解と支援のために

伊丹昌一

> この章では，学齢期に顕著になりやすい学習の障害・言語の障害について学ぶことを目的とする。教育現場には学習についていけずに困っている子どもたちや，言葉を上手に話すことができずに仲間との関係でつまずいている子どもたちが少なからず在籍している。その要因として，本人の努力の問題ばかりではなく，生まれながらに自閉スペクトラム症や限局性学習症などの特性を有し，本人は努力しているにもかかわらず，大人から否定的に対応されている例が後を絶たない。そのような理由からも，学校等での相談支援を実施する場合には必ず押さえておかなければならない内容である。

1　障害について

1-1　障害の概念

学習と言語の障害を学ぶ前に，そもそも障害とは何であるかの説明を行いたい。

障害とは，個人の精神・身体における一定の機能が，比較的恒久的に低下している状態をいうが，その概念は社会情勢とともに変化している。

国際的な動向としては，障害者の社会参加に関する取り組みの進展を踏まえて，2006年12月，国際連合総会において**「障害者の権利に関する条約」**が採択され，障害者の権利や尊厳を大切にしつつ社会のあらゆる分野への参加を促進することが合意されている。わが国も2007年にこの条約に署名し，その後「障

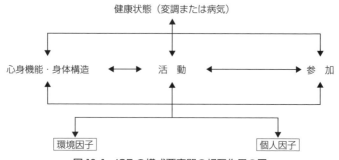

図 13-1 ICF の構成要素間の相互作用の図
(出所) 厚生労働省 (2002)

害者基本法」の改正，2013年には「**障害を理由とする差別の解消の推進に関する法律（障害者差別解消法）**」の成立（施行は2016年）など必要な法令の国内整備の段階を経て，2014年1月20日に障害者権利条約に批准した。

国内においては，1993年の「障害者基本法」の改正をはじめとして，障害の有無にかかわらず，国民の誰もが相互に人格と個性を尊重し支え合う共生社会をめざした施策が推進されてきた。その後，2003年度を初年度とした「障害者基本計画」により，障害者本人の自己選択と自己決定のもとに，社会のあらゆる活動への参加を一層促す施策が積極的に進められているところである。

このような社会情勢の変化に伴い，障害のとらえ方にも変化があった。それまで，WHO（世界保健機関）が1980年に発表した「**国際障害者分類（ICIDH：International Classification of Impairments, Disabilities and Handicaps）**」によって，疾病等にもとづく個人の様々な状態を分類していたが，各方面から，疾病等にもとづく状態のマイナス面のみを取り上げているとの指摘があり，2001年5月の総会において，従来のICIDHの改訂版として「国際生活機能分類（ICF：International Classification of Functioning, Disability and Health）」を採択した（世界保健機関，2002）。

ICFでは図13-1のように，人間の生活機能は「心身機能・身体構造」，「活動」，「参加」の三つの要素で構成されており，それらの生活機能に支障がある状態を障害ととらえている。障害を固定的なものととらえることなく，健康状

態や環境因子との相互作用の中で起こる状態としていることに注意が必要である。

図13-1の中には障害という言葉が使われておらず，生活機能のプラス面をとくに強調したモデルになっている。

健康状態の変調等を環境因子と個人因子の相互作用としてとらえるようにしており，その人の生活全体を理解しようとしているモデルだといえる。

医学の診断においても，子どもが生まれながらに有する困難をいきなり障害と診断するのではなく症状としてとらえ，社会生活を送るうえで（環境と個人の相互作用で）困難をきたす状態になれば障害と診断するという方向にきている。2014年に翻訳出版されたアメリカ精神医学会の診断基準である『DSM-5 精神疾患の診断・統計マニュアル』(American Psychiatric Association, 2013 髙橋・大野監訳 2014）においては，「発達障害」を「神経発達症」，「学習障害」を「限局性学習症」，「注意欠如・多動性障害」を「注意欠如・多動症」，「自閉スペクトラム障害」を「自閉スペクトラム症」というように併記するようになっている。

このように障害の概念を新しい考えにもとづいて理解する必要がある。

1-2 障害者差別解消法について

前述のとおり，国連の「**障害者の権利に関する条約**」の締結に向けた国内法制度の整備の一環として，すべての国民が，障害の有無によって分け隔てられることなく，相互に人格と個性を尊重し合いながら共生する社会の実現に向け，障害を理由とする差別の解消を推進することを目的として，2013年6月，「**障害を理由とする差別の解消の推進に関する法律**（障害者差別解消法）」が制定され，2016年4月1日から施行されている。

1-3 共生社会の実現を目指した学校での取り組み

このような法的な流れを受けて国では，アクセシビリティーの確保の観点からも，障害のある子どもには「合理的配慮」として，新しい学習ツールとして

のタブレット端末・PC，スマートフォン等の学校現場での活用を推奨している。これらの指導を行き当たりばったりのものにせず，計画的に行うことも求めており，2017年3月に告示された新しい小・中学校学習指導要領では，障害のある子どもに特別支援学級や通級指導教室で個に応じた支援をする場合には「**個別の教育支援計画**」と「**個別の指導計画**」を作成することを義務づけている。

しかし，共生社会の実現を目指すためには個に応じた指導・支援だけでいいということではなく，それを可能にするような集団づくりの視点も欠かせない。障害のある児童生徒になくてはならない指導を最初から全員に行うといった，「**ユニバーサルデザインラーニング**」の視点を取り入れることも求められる。

2　学習の障害とその支援

ここでは学習という視点から，学齢期に課題となりやすい**限局性学習症／限局性学習障害（SLD），注意欠如・多動症／注意欠如・多動性障害（ADHD），自閉スペクトラム症／自閉症スペクトラム障害（ASD）**について概説する。

2-1　限局性学習症／限局性学習障害（SLD）

DSM-5によれば，ASDやADHDと同様，神経発達症群として診断される診断名である。読字の障害を伴う学習症の場合，単語の理解が困難，文章を読むのが遅い，文章を読んで理解することや，文字をつづることが困難，といった特徴がある。また，書字表出（言語的理解の状態を伝え，考えを表現すること）の障害を伴う場合は，文字のつづりを間違える，文法や句読点の間違いをする，手書き文字が下手，といった状態が生起する。この二つの状態を合わせて「**ディスレクシア**」と呼ぶこともある。

さらには，数字を読んだり覚えたりすることが困難，足し算や引き算，九九といった基礎が覚えられない，計算が遅いといった特徴がみられる，算数の障害を伴う場合もある。

2-2 注意欠如・多動症／注意欠如・多動性障害（ADHD）

不注意（集中力が続かない・気が散りやすいなど），**多動性**（じっとしていられない・たえず動き回るなど），**衝動性**（順番を待てない・考える前に行動してしまうなど）の三つの特徴がみられる。ADHDはこれらの特徴が人によって異なり，「不注意優勢型」「多動性・衝動性優勢型」「混合型」の三つのタイプに分類される。ADHDの特徴を有する子どもは年齢や発達に不釣り合いな行動が多く，社会的な活動や学業に支障をきたすことがある。ただ，年齢の低い子どもであれば誰にでも見られる行動特徴でもあるので，周囲の人に生まれながらの特性として理解されにくく，ただの乱暴な子どもや親のしつけができていない子どもなどと誤解を受けてしまったり，頭ごなしに叱られ続けたりするケースが多々あることに注意が必要である。

2-3 自閉スペクトラム症／自閉症スペクトラム障害（ASD）

DSM-5によれば，社会的コミュニケーションおよび社会的相互作用の持続的な課題と，行動，興味，または活動の限定されたパターン的な繰り返しが見られ，それらが発達早期の段階で必ず出現するが，後になって明らかになるものもある。またその症状によって，社会生活や職業その他の重要な機能に重大な困難を引き起こしている状態である。

社会的コミュニケーションと社会的相互作用の持続的な課題とは，社会常識やマナーにうとい，周りの人がどう思うか気にしない，人の感情を推し量れない，場にそぐわない言動をとる，人に協調できない，話の流れや文脈が理解できない，表情の変化を読み取れない，会話が一方的，話し方がぎこちない，独特の言い回しをする，などの特徴が該当する。

行動，興味，または活動の限定されたパターン的な繰り返しとは，予定が変わることを嫌がる，気持ちの切り替えが苦手，応用が利きにくい，規則や習慣にこだわる，例外を認めず妥協が苦手，感覚に敏感な部分と鈍麻な部分があるといった特徴が該当する。

第Ⅲ部　学習と言語の障害

　以上の三つの障害が学習面での障害となりやすいものであり，学齢期にその困難が顕著になりやすい。また，それぞれの障害が単独で生じるだけではなく，様々な障害が合併することにも注意が必要である。これらの障害／症状を有する子どもへの心理支援に際しては診断名にのみとらわれることなく，一人ひとりの子どもの実態を丁寧に把握し，個に応じた支援を心がける必要がある。また，学校の教師や保護者，診断がある場合には医師とも適切な連携を行い，一貫した計画的な支援をするためにも「個別の教育支援計画」や「個別の指導計画」を作成して支援することが求められる。

2-4　ADHD児の支援事例
①支援に至るまでの背景

　筆者がかかわった，ADHDと診断された小学校5年生男児。気持ちや行動のコントロールができず，暴言や他害行動に及ぶことが多く見られている。また，乱暴な振る舞い，思い込むと自分勝手な判断で行動してしまうことが気にかかっており，上手に気持ちを切り替えることが難しい。人や物に対して，適切なかかわり・行動ができるようになるために，どのような支援をしていけばよいかという相談が担任教師からあり，支援するに至った。

②実施した**アセスメント**と支援（助言）

　生育歴は以下の通りであった。就学前に通園施設で言語訓練を受ける。小学校2年より，母親の居所不明により施設に入所する（支援時に至る）。幼少時には義父からの激しい暴力にあう。これまで，施設でもいじめの被害や仲間はずれにあうことが多かったということであった。クラスではべたべたと先生にかかわることが多い。その日の時間割など，不安に思っていることを何度も聞いて確認する様子が見られている。

　学校では，誰かがほめられること（自分も）を極端に嫌い，「死ね！」「殺すぞ！」が口癖であった。授業中の居眠りや授業妨害（大声で歌う，立ち歩く）が多い。

　友だちとかかわりたい気持ちはあるが，殴る蹴るなどの乱暴な行動に出る，

友だちの活動が終わるのを待つことが難しいなど，衝動的な言動が多く見られ，同級生からは避けられている。しかし，最近は本児に追随して不適切な言動や授業中の徘徊をする児童が出てきている。

　言語・社会面については，言葉の理解や表出は流暢であるが，状況に合わないことやちぐはぐな発言も見られる。わからないときには「教えて」と上手に甘えることができ，自分から助けてと言うことができている。声の音量調整が難しい（興奮が高まったときに急に大声になる）。不適切な行動をおこしたとき，誰が見ても明らかに自分に非があるときでさえ，けっして他者に謝ることはしない。頑として相手が悪いと言い張る状態であった。

　好きな活動や興味関心の対象としては，パズルや塗り絵，コンピューター操作（お絵かきソフト）を施設で行っている。

　本児に対して，WISC-IV知能検査を実施した結果，個人内の認知能力にかなりのアンバランスを認めた（じっくりと時間をかけて考えればかなりの難易度の課題も達成できるが，言葉を少しの時間覚えておくことや機械的な処理を淡々とこなすスピードに課題が見られた）ので，担任教師，施設の担当職員，特別支援教育コーディネーターに説明を行い，個人内の強い能力を刺激するような支援を求めた。

③教師等の変化と当該児童の変化

　施設では一人でPCに向かっているときに，同年代の子どもと積極的にかかわることをうながされていたが，筆者のアドバイスから一人でPCを使うことを認めてもらうことでその活動をする場所が施設内での安心できる居場所となった。学校では本児の気持ちを受容する役割としてのボランティア学生が一人ついたことにより安定して学業に取り組めるようになり，担任に対しての不適切な愛着関係も変化した。また，**アセスメント**による本児の正しい把握によって担任から授業中に頭ごなしに否定されることもなくなり，授業にも落ち着いて参加できるようになった。

3 言語の障害とその支援

言語の習得や運用につまずきのある子どもには様々な種類があるが、ここではとくに学齢期に課題となりやすい**構音障害**、**吃音症**、**場面緘黙**について概説する。

場面緘黙は厳密には言語の障害ではなく情緒の障害であるが、人前で話すことができにくいということからもここで触れたい。

3-1 構音障害

言語障害のうち、言葉を正しく発音できない状態を構音障害という。音声（構音）器官における（ほとんどが先天的な）形態的な異常（たとえば口蓋裂、口蓋垂の形態異常である粘膜下口蓋裂、口唇裂などの形態異常、舌の欠損もしくは形態異常、歯牙の欠損や異常、言葉が鼻に抜ける鼻咽腔閉鎖不全など）により引き起こされる**器質性構音障害**と、構音器官の形態的異常も神経系の障害をもたらす原因も認められない**機能性構音障害**に分けられる。成長しても幼児語が続いたり、サ行音・カ行音・ラ行音がタ行音に置き換わったりするといった状態も機能性構音障害に該当する。

発音の誤りがある子どもは、相手に話の内容がわかってもらえないことが多く、進んで話そうとする意欲が育ちにくい状況にあるので、支援の際には子どもの発音の正しさだけに注目するのではなく何を話したいのかに注目し、話の内容を最後まで聞き取るようにすることが大切である。その際、発音の誤りに気づいても、訂正したり、言い直しをさせたりしないようにすることが重要である。

発声・発音の基礎指導としては、①リズム練習（拍手でリズムに合わせる・リズムに合わせて歩く）、②唇の運動（大きく開ける、閉じる・唇を前に出す、引く、左右に引く）、③舌の運動（舌の出し入れ、舌でほおを押す、舌を左右上下に素早く動かす）、④顔・口形の運動（表情の模倣、顔のマッサージ）、⑤息の練習のた

めの遊び（シャボン玉をつくる，ろうそくを消す），⑥発声のための遊び（ゴム風船に唇を当てて声を出す，動物のなきごえをまねる）などがある。

3-2　吃音症

　吃音症は，発語時に言葉が連続して発せられたり，瞬間あるいは一時的に無音状態が続いたりなど，言葉を円滑に話せない状態をいう。吃音の症状や悩みを改善する方法は何通りか提案されているものの，吃音症が原因不明であるため決定的な治療法がないのが現実である。学齢期の音読の授業などでうまく喋れず，心に深い傷を負わせることも多く，うまく言葉が話せないことに起因するうつ病，対人恐怖症，社会恐怖，引きこもりなどの**二次的症状**が出ることもある。

　吃音症は，①**連声型**（連発，連続型）：たとえば「はじめまして」という文章の場合，発声が「は，は，は，はじ，はじめまして」などと，ある言葉を連続して発声する状態，②**伸発型**：「はーじめまして」と，語頭の音が引き伸ばされる状態，③**無声型**（難発，無音型）：「は，……（無音）」となり，最初の言葉から後ろが続かない状態の三つの型に分類される。

　吃音のある子どもは，会話に対する心理的負担を日常的に感じていることや，緊張感・切迫感のある状況ではさらに言葉が出づらくなることなどに注意が必要である。また，必要な返事がすぐに返ってこない場合，言葉だけに頼らず，筆談や空書で返事ができるようにする，うなずきや首ふりで返答できる質問をする，言葉が出るまでゆっくり待つなどの配慮が必要である。

3-3　吃音児の支援事例

①支援に至るまでの背景

　筆者がかかわった，連声型の吃音を家庭で厳しく矯正され，さらに吃音状態が悪化し，学校においても吃音が原因でいじめ被害に遭っていた小学校2年生男児の事例を紹介する。

　吃音に対するいじめが原因で，登校しぶりが見られ，両親は子どもを守るど

ころか，家庭内でさらに強く吃音を矯正しようとプレッシャーをかけ続けていた。通常の学級担任から，**通級指導教室**（学校教育法により定められた，言語障害等のある通常の学級に在籍する子どもに対して特別な指導を行う場）担当者に相談があり，通級指導担当者から筆者に相談依頼があった。

②実施したアセスメントと支援（助言）

　週に3時間（50分×3回），放課後登校する学校内にある通級指導教室にて指導を受けることをすすめ，両親と学校側との合意の中で，4月後半から通級できるようになった。

　通級指導教室においては，肩をあげて息をするので，胸式呼吸から腹式呼吸に変えることができるように呼吸法の練習を取り入れてもらった。また，体の硬さがあったので，ストレッチなど柔軟体操を行い，リラックスした状態で発音・朗読練習（ゆっくり話すこと）を繰り返した。

　家庭でも厳しく叱ることなく学校と同様の対応を依頼した。

③教師等の変化と当該児童の変化

　息を吸い，下腹部に力を入れ続け，ゆっくり息を吐きながら第一語を長く引き伸ばして話す朗読練習，会話練習，長文練習，短音練習，電話の実地練習等を繰り返すうち，夏休みまでにかなり発音の状態が改善した。第一語を4回繰り返していたが，2回まで減少した。その後冬休み前までに，ほとんど吃音が目立たなくなった。

　また，通常学級の担任がクラスの児童に吃音の説明を行い，言葉の連続やつまりを否定しない雰囲気づくりを行うことで，クラスが安心できる居場所となったことも，本児にとってはプラスに作用したことが重要といえる。

3-4　場面緘黙

　DSM-5（American Psychiatric Association, 2013 髙橋・大野監訳 2014）では，「選択性緘黙」として次のように定義されている。A．他の状況では話すことができるにもかかわらず，特定の社会状況（話すことが期待されている状況，例：学校）では，一貫して話すことができない。B．この障害が，学業上，職

業上の成績，または対人的コミュニケーションを妨害している．C．この障害の持続期間は，少なくとも一か月（学校での最初の一か月間に限定されない）．D．話すことができないことは，その社会的状況で要求される話し言葉の知識や話すことに関する楽しさが不足していることによるものではない．E．この障害はコミュニケーション障害（例：吃音症）では説明されないし，また，自閉スペクトラム症／自閉スペクトラム障害や統合失調症またはほかの精神病性障害の経過中にのみ起こるものではない．

場面緘黙は社会的不安，敏感さといった**性格特性**と結びつきが強いので，**人**（誰に向かって話すか，その場に誰がいるか，人数は何人か），**場所**（学校や学校の外，学校なら運動場か校舎か，学校のどの部屋で部屋のどの位置か，体の向きやついたての有無，周りはざわついているか静かか），**活動**（どんなことをするのか，どの程度話すことを求める活動か，体の動きを伴うか），時間帯要素などの影響を考慮した支援が求められる．

場面緘黙の原因としては，単一の原因によって生じる状態ではなく，子どもによって影響している要因が異なり，複数の要因が複雑に絡み合って生じる場合が多い．DSM等の診断基準で診断される障害であることを認識し，子どもに対する誤解を避けることがもっとも重要である．「ほっておいてもそのうちしゃべる」，「親の心配しすぎ」，「話さないだけなので，学校では問題がない」，「家庭での甘やかしや過保護が原因」，「わがまま」，「わざと黙っている」，「表情豊かだから緘黙ではない」，「緘黙児は不登校にならない」，「緘黙児は特別支援教育の対象ではない」といった誤解にはとくに注意が必要である．

家庭と適切に連携し，子どもの状態を正しく理解し，適切な環境を整え，一人ひとりの子どもに有効なアプローチを検討することが求められる．

3-5　場面緘黙者の支援事例

①支援に至るまでの背景

対象は，筆者がかかわった場面緘黙と診断された大学１年生（19歳）である．コミュニケーションの課題から不安を強め，４月の１週間授業に参加しただ

けで，ほとんど大学に通うことができていない。また，本人の希望する理系学部ではなく，模擬テストで評価の高かった文系の学部に入ったため，自分にあっていないのではないかと迷っている。

　場面緘黙と診断はされているが，幼少時には健診で言葉の遅れを指摘されているものの，言葉は話していた。しかし，母親との視線の共有や指差しがなく，自分の決めた方法を必ず実行するなどこだわりが非常にきつかった。小・中・高等学校では，言葉を話さないことからいじめの被害にあい，ほとんど登校できていない状態であった。学習面では，授業を受けていないにもかかわらず，非常に優秀な成績を取っている。とくに数学，理科は全国でもトップクラスである。

　入学決定後，担当教員は筆談で本学生とコミュニケーションをとるなど，快適な学生生活のスタートとなった。しかし，周りの学生には話ができないことが理解できず，残念ながら，からかいの対象になってしまった。また，別の教員から言葉についての注意を受けたことをきっかけに，授業に出席することができなくなった。

②実施したアセスメントと支援（助言）および当該学生の変化

　母親から相談を受けた大学の担当教員から筆者が相談を受け，本人・保護者と面談した結果，場面緘黙と強いこだわり，対人関係の課題，言葉での理解の課題を感じた。発達障害への理解がある医師を紹介した結果，自閉スペクトラム症と診断され，うつ状態に対して薬物療法を行うことになった。

　言葉を家以外では話さないというこだわりを認め，筆談や言語以外でのコミュニケーション方法を自ら進んでとることを提案することでかなり気持ちが楽になったようで，ときおり笑顔を見せて簡単な言葉でのコミュニケーションを行うことも可能になった。そこで，大学への再登校を促し，教室移動や他の学生とのやりとりへの不安の軽減のため，先輩学生によるボランティアのサポートを大学の学生支援室に母親と本人を通して依頼した。ボランティア学生のサポートにより，同級生とは筆談やメールで徐々に会話できるようになってきた。そのまま順調な学生生活を送れると予想したが，医学部へのこだわりを捨てき

れず，授業中にも医学書を読みふけるようになったので，休学措置をとり医学部進学に向けた受験勉強をすることになった（その年度1年間休学し見事に医学部に合格し，現在は医師として診察に当たっている）。

この事例は最初，場面緘黙のみにターゲットを当てて支援したが，医師との連携の中で発達障害の指摘を受けたので，幼少のときから本学生の背景にあった自閉スペクトラム症の特性を保護者に説明し，本人にも普段の状況と重ね合わせて説明することにより，保護者の理解や本人の自己認知が進み本人の期待する自己実現に寄与できたと考えている。

3-6 失語症

ここまでで挙げたもの以外の言語障害としては**失語症**がある。構音機能に問題がないにもかかわらず，言葉がすぐに浮かばない，言葉が理解できない，文章が理解できないといった状態が起こる。

失語症には，聞いた言葉は理解できるが言い間違いが多く，構文がぎこちなくなる**運動性失語**（ブローカ失語）と，滑らかに話をすることができるが，意味の通らない言葉を話すようになる**感覚性失語**（ウェルニッケ失語），聞いて理解できるが，物の名前等が想起しにくい**健忘失語**などがある。

失語症は，脳の特定の部位の損傷や機能不全が原因となる。

症状については，言葉を話すときのみではなく，以下のように「話す」「聞く」「読む」「書く」のすべてにわたって困難が見られる（山本，2011）。

①話すことの困難

意味のある言葉をまったく話せなくなる場合から，少ない言葉でたどたどしく話す場合，すらすらとなめらかに話せるが話の内容が不正確な場合など，様々なタイプがある。

②聞くことの困難

言葉を母国語として聞き取ることができなくなる場合から，日常生活にはほとんど支障のないくらい軽度の場合まで様々である。しかし，聴力の問題が原因となるものではない。

③読むことの困難

書いてある文字や数字を声に出して読むことや意味を認識することが困難になる。

④書くことの困難

書くための運動機能は残されているのに、文字や数字が書けなかったり、書き誤りが見られたりする。

⑤計算の困難

足し算・引き算・掛け算・割り算といった計算が困難になる。

失語症は限局性学習症と非常に状態が似ているので、医師による鑑別と**言語聴覚士**等による専門的なリハビリテーションを必要とする。

＊

教育現場において、学習や言語の障害を理解し、支援するためには一人ひとりの実態を診断名にとらわれることなく詳細に把握すること、きめ細かい実態把握から一人ひとりの子どもに応じた支援を考えることが必要である。そして、支援の成果を振り返る。このサイクルを繰り返し、オーダーメイドな支援をすることである。

> ❖考えてみよう
> あなたが心理職または教師として、小学校で勤務しているとする。特別活動の時間を利用して、言葉の障害について子どもたちに学んでもらうことになった。どのような授業や学習活動を設計するか考えてみよう。

もっと深く、広く学びたい人への文献紹介

伊丹　昌一（編著）閑喜　美史（著）（2012）．「気づき」からの支援スタートブック──幼児の困難サインを上手にキャッチする──　明治図書出版
　　☞指示に従わず、勝手な振る舞いをしている子ども、教室になかなか入れない子どもなどの困っているサインをうまくとらえる方法など、指導者が備えておきたい知識や具体的支援を紹介している。

石田　宏代・石坂　郁代（編著）（2016）．言語聴覚士のための言語発達障害学　第2版　医歯薬出版
　　☞言語発達障害とは何かという基本にはじまり、正常な言語発達から発達障

害までをわかりやすく説明している。また，障害の評価の目的や方法を具体的に解説し，家族支援をはじめとした各種支援についても言及している。

引用文献

American Psychiatric Association　髙橋 三郎・大野 裕（監訳）（2013/2014）．DSM-5 精神疾患の診断・統計マニュアル　医学書院

厚生労働省（2002）．「国際生活機能分類―国際障害分類改訂版―」（日本語版）の厚生労働省ホームページ掲載について　Retrieved from https://www.mhlw.go.jp/houdou/2002/08/h0805-1.html（2019年2月25日閲覧）

文部科学省（2017a）．小学校学習指導要領

文部科学省（2017b）．中学校学習指導要領

世界保健機関（著）厚生労働省社会・援護局障害保健福祉部（編）（2002）．国際生活機能分類――国際障害分類改訂版――（日本語版）　厚生労働省社会・援護局障害保健福祉部

山本正志（2011）．失語症の正しい理解と支援　コミュニケーション・アシスト・ネットワーク　Retrieved from http://www.we-can.or.jp/p/465/（2018年10月8日閲覧）

索　引

あ　行

アイデンティティ　108
悪定義問題　60
足場かけ　112,138
アセスメント　200,201
アタッチメント　137
誤った信念課題　143
アルゴリズム　61
アルバート坊やの実験　19
アンダーマイニング効果　7,109
暗黙知　101
一語文　188
イベントインデックスモデル　154
イマージョン・プログラム　184
因果律の所在　106
インクルージョン　5
インフォーマル学習　77
インプロージョン療法　23
ウェルニッケ野　127
ウェルビーイング　113
うそ　144
運動性失語（ブローカ失語）　207
エコラリア　146
応用行動分析学　38
音韻　140,187
音韻認識　151

か　行

外化物　84
下位技能　99
下位技能の自動化　99
外言　159
外的調整　108
概念　46
概念的な理解　67
概念変化　52
外発的動機づけ　105
外発的目標　112
会話　142

書き言葉　149
学習　13
学習の障害　198
学習の転移　67
学習課題　81
学習目標　78
確証バイアス　64
拡張―形成理論　116
過剰修正法　42
仮説実験授業　82
課題遂行者　87
課題提起型教育　172
過大般用　141
課題分析　36
活動　205
カテゴリー制約　130,188
構え効果　65
感覚性失語（ウェルニッケ失語）　207
関係性　111
記憶手掛かり説　66
聴き合う関係　83
器質性構音障害　202
疑似文字　150
規準喃語　140
期待―価値理論　116
吃音症　202
拮抗反応　22
機能性構音障害　202
逆制止　22
キャリア・アンカー　109
既有知識　66,154,168
吸啜反応　187
強化スケジュール　31,33
共感　144
共感的理解　114
協調学習　79
協調的な問題解決　59
協働学習　7,76,78
共同注意　128,138

211

恐怖症　19
クーイング　136
経験的な知識　86
継続バイリンガル　180
系統的脱感作法　23
原因帰属　114
嫌悪療法　23
原会話　132
限局性学習症／限局性学習障害（SLD）　9, 151, 198
原言語　132
言語獲得装置　4, 124
言語行動　122
言語聴覚士　208
言語の障害　202
言語報告　84
顕在学習　185
嫌子（負の強化子）　31
現象学的原理　51
建設的相互作用　79, 86
健忘失語　207
原理・原則　86
語意　188
語彙　157
語彙数　187
語彙の爆発期　188
語彙爆発　142
項　154
構音障害　202
好子（正の強化子）　31
高次条件づけ　17
構成　86
行動，興味，または活動の限定されたパターンの繰り返し　199
行動主義　3, 15
行動随伴性　30
行動の変化　13
行動分析学　38
行動療法　4, 21
国際障害者分類（ICIDH）　196
心の理論　143
古典的条件づけ（レスポンデント条件づけ）　4, 15, 16

個別の教育支援計画　198, 200
個別の指導計画　198, 200
コミュニティ　76

さ　行

最適水準　112
三項関係　128
三項関係の成立　139
三項随伴性　32
シェイピング　36
視覚と運動の協応　151
視覚認知　151
ジグソー法　78
刺激　15
自己強化　107
自己決定　106
自己決定理論　106, 107, 111
自主夜間中学　174
失語症　207
失敗回避傾向　116
視点　65
自伝的記憶　158
事物全体制約　130, 188
自閉スペクトラム症／自閉症スペクトラム障害（ASD）　145, 198
社会性　143
社会的学習　6
社会的コミュニケーションと社会的相互作用の持続的な課題　199
社会的参照　139
社会的微笑　136
ジャンプの課題　83
習得性嫌子　37
習得性好子　37
10年修行の法則　102
授業書　82
熟達　7, 91
熟達化　92
熟達者（エキスパート）　76, 92, 100
主旨　157
主体的・対話的で深い学び　77
述部　154
馴化・脱馴化法　47, 140, 187

障害者の権利に関する条約　195,197
生涯発達　175
障害を理由とする差別の解消の推進に関する法律（障害者差別解消法）　196,197
消去　18,31,32
状況モデル　154
状況論　77
消去抵抗　33
条件刺激　16
条件づけ　2,15
条件反応　16
象徴機能　129
衝動性　199
情動伝染　131
情報的機能　110
初期状態　60
初語　141,187
叙述の指差し　139
初心者（ノービス）　75,92
自律性　111
自律的動機づけ　108
白いうそ　145
人工知能（AI）　59
新生児模倣　131
身体化　7,100
身体知　98
身体動作　84
心的表象　154
伸発型　203
推論　64,67
数唱　48
スキーマ　45,67
スキナー箱　30
性格特性　205
制御的機能　110
成功接近傾向　116
精神の文字化　173
正統的周辺参加　76
生得性好子　37
制約　48,60,63,129
生理的微笑　136
説明モデル　86
宣言的知識　97

先行学習　67
先行経験　66
潜在学習　185
相互排他性制約　130,188
操作子　60
創発連立モデル　125
即時マッピング　130
側性化　127
素朴概念　6,49
存在論的カテゴリー　51

た　行

第一言語　179
対応規則の理解　151
対偶　64
第二言語　8,179
対乳児発話　→ IDS
タイムアウト　40
対話型の学習　172
達成動機　114
多動性　199
短期記憶　93
知覚的情報　158
知識　45
知識構成型ジグソー法　79
チャンク　92
注意欠如・多動症／注意欠如・多動性障害（ADHD）　198
抽象化　67
対提示　16
通級指導教室　204
ディスコース（談話）　142
ディスレクシア　151,198
テキストベース　154
手続き的知識　97
転移課題　68
同一化的調整　108
動機づけ　7,105
動機づけ面接法　117
道具的条件づけ（オペラント条件づけ）　4,15,29
同型問題　63
統語　142

統合的調整　108
同時バイリンガル　180
統制的動機づけ　108
トークン　37
徒弟制　75
トランスクリプト　84
取り入れ的調整　108
努力帰属　115

な行

内観法　3,15
内発的動機づけ　7,105
内発的目標　112
ナラティブ　117,142
喃語　188
二項関係　128
二語文　142,188
二次的障害　24
二次的症状　203
二次的な誤った信念の理解　145
二重転移　70
認識論的信念　55
認知活動　152
認知主義　4
認知心理学　4
認知的葛藤　54

は行

バースト　40
媒介変数　4
バイリンガル　179
暴露法（エクスポージャー法）　22
場所　205
パターン　65
罰　41
発達の最近接領域　112,138
発話　84
話し言葉　135
ハノイの塔　61
場面緘黙　202
般化　18,32
般化勾配　18
般性習得性好子　37

反応　15
人　205
皮肉　145
批判的思考　167
ヒューリスティクス　61
評価　81
表現規則の理解　150
表示規則　145
表象　64,129
表層的記憶　154
被抑圧からの解放　172
平仮名　149
敏感期　127
フィードバック　102
フォーマル学習　77
不注意　199
復帰　31,32
部分強化スケジュール　33
普遍文法　7,124
フロー　106
ブローカ野　127
プログラミング教育　6,71
プロセス　84
プロトコル分析　71,77
プロトタイプ　46
分化強化　35
分化弱化　35
文章理解　153
分析基準　85
文法　189
文脈　66
ベース課題　69
ベースライン　38
ペルセポリス宣言　173
弁別　18,32
弁別学習　31,32
弁別刺激（手がかり刺激）　32
方略　169
母語　179

ま行

学びの共同体　83
見通し　71

未来の学習のための準備　70
無条件刺激　16
無条件反応　16
無声型　203
命題　154
メタ言語　189
メタ認知　81,169
目標状態　60
目標内容理論　112
モデル　85
モニタ　87
モニタリング　169
モノリンガル　181
模倣学習　122
問題解決　6,59,94

や　行

ヤーキーズ・ドットソンの法則　25
夜間中学校　174
役割分担　87
有機的統合理論　107
有能さ　111
ユニバーサルデザインラーニング　198
用法基盤モデル　125
よく考えられた練習　102
欲求階層説　114
4枚カード問題　63

ら　行

ラポール　112
リーディングスパン課題　157
リスニングスパンテスト　155
リテラシー　8,165
　アカデミック――　169
　機能的――　166
　基本的――　165,166
　高次――　166,167
　市民――　167
　批判的――　170
　文化創造―社会変革的――　173
　萌芽的――　153
領域固有性　67
良定義問題　60
臨界期　8,182
ルーティーン　25
連合　2,15
連声型　203
連続強化スケジュール　33
ロールモデル　117
論理式　64

わ　行

ワーキングメモリ　99,155,168
わざ言語　101

アルファベット

IDS（Infant-Directed Speech：対乳児発話）　131,137
mind-mindedness　136
PISA　166
Think-aloud法　84

《監修者紹介》

川畑直人（かわばた　なおと）
　　京都大学大学院教育学研究科博士後期課程中退　博士（教育学）
　　William Alanson White Institute, Psychoanalytic Training Program 卒業
　　公認心理師カリキュラム等検討会構成員，同ワーキングチーム構成員
　　公認心理師養成機関連盟　理事・事務局長
　現　在　京都文教大学臨床心理学部　教授　公認心理師・臨床心理士
　主　著　『対人関係精神分析の心理臨床』（監修・共著）誠信書房，2019年
　　　　　『臨床心理学――心の専門家の教育と心の支援』（共著）培風館，2009年　ほか

大島　剛（おおしま　つよし）
　　京都大学大学院教育学研究科修士課程修了　修士（教育学）
　　17年間の児童相談所心理判定員を経て現職
　現　在　神戸親和女子大学文学部　教授　公認心理師・臨床心理士
　主　著　『発達相談と新版K式発達検査――子ども・家族支援に役立つ知恵と工夫』（共著）明石書店，2013年
　　　　　『臨床心理検査バッテリーの実際』（共著）遠見書房，2015年　ほか

郷式　徹（ごうしき　とおる）
　　京都大学大学院教育学研究科博士後期課程修了　博士（教育学）
　現　在　龍谷大学文学部　教授　臨床発達心理士・学校心理士
　主　著　『幼児期の自己理解の発達――3歳児はなぜ自分の誤った信念を思い出せないのか？』（単著）ナカニシヤ出版，2005年
　　　　　『心の理論――第2世代の研究へ』（共編著）新曜社，2016年　ほか

《編著者紹介》

郷式　徹（ごうしき　とおる）
　　＊監修者紹介参照

西垣順子（にしがき　じゅんこ）
　　京都大学大学院教育学研究科博士後期課程修了　博士（教育学）
　現　在　大阪市立大学大学教育研究センター　教授
　主　著　『大学評価と「青年の発達保障」』（共著）晃洋書房，2016年
　　　　　『人間発達研究の創出と展開――田中昌人・田中杉恵の仕事をとおして歴史をつなぐ』（共著）群青社，2016年　ほか

《執筆者紹介》

郷式　徹（ごうしき　とおる）編者，序章，第1章，第2章
　　龍谷大学文学部　教授

西垣順子（にしがき　じゅんこ）編者，第11章
　　大阪市立大学大学教育研究センター　教授

山縣宏美（やまがた　ひろみ）第3章
　　西日本工業大学デザイン学部　准教授

遠山紗矢香（とおやま　さやか）第4章，第5章
　　静岡大学情報学部　講師

安藤花恵（あんどう　はなえ）第6章
　　西南学院大学人間科学部　准教授

伊田勝憲（いだ　かつのり）第7章
　　立命館大学大学院教職研究科　教授

石井恒生（いしい　ひさお）第8章
　　神戸医療福祉大学人間社会学部　教授

古見文一（ふるみ　ふみかず）第9章
　　静岡大学学術院教育学領域　講師

滝口圭子（たきぐち　けいこ）第10章
　　金沢大学人間社会研究域学校教育系　教授

石王敦子（いしおう　あつこ）第12章
　　追手門学院大学心理学部　教授

伊丹昌一（いたみ　しょういち）第13章
　　梅花女子大学心理こども学部　教授

公認心理師の基本を学ぶテキスト⑧
学習・言語心理学
──支援のために知る「行動の変化」と「言葉の習得」──

| 2019年4月30日 | 初版第1刷発行 | 〈検印省略〉 |
| 2022年1月30日 | 初版第3刷発行 | |

定価はカバーに表示しています

監修者	川畑 直人
	大島 剛
	郷式 徹
編著者	郷式 徹
	西垣 順子
発行者	杉田 啓三
印刷者	田中 雅博

発行所　株式会社　ミネルヴァ書房
607-8494　京都市山科区日ノ岡堤谷町1
電話代表　(075)581-5191
振替口座　01020-0-8076

©郷式・西垣ほか，2019　　創栄図書印刷・藤沢製本

ISBN978-4-623-08583-5
Printed in Japan

公認心理師の基本を学ぶテキスト

川畑直人・大島 剛・郷式 徹 監修

全23巻

Ａ５判・並製・各巻平均220頁・各巻予価2200円（税別）

① 公認心理師の職責 　　　　　　　　　　　　　　　　　川畑直人 編著
② 心理学概論 　　　　　　　　　　　　　　加藤弘通・川田 学 編著
③ 臨床心理学概論 　　　　　　　　　　　　川畑直人・馬場天信 編著
④ 心理学研究法 　　　　　　　　　　　　　　　　　＊編著者検討中
⑤ 心理学統計法 　　　　　　　　　　　　　　　　　＊編著者検討中
⑥ 心理学実験 　　　　　　　　　　　　　　　　　　　郷式 徹 編著
⑦ 知覚・認知心理学 　　　　　　　　　　　　萱村俊哉・郷式 徹 編著
⑧ 学習・言語心理学 　　　　　　　　　　　　郷式 徹・西垣順子 編著
⑨ 感情・人格心理学 　　　　　　　　　　　　　　　　中間玲子 編著
⑩ 神経・生理心理学 　　　　　　　　　　　　中島恵子・矢島潤平 編著
⑪ 社会・集団・家族心理学 　　　　　　　　　興津真理子・水野邦夫 編著
⑫ 発達心理学 　　　　　　　　　　　　　　　郷式 徹・川畑直人 編著
⑬ 障害者（児）心理学 　　　　　　　　　　　　　　　　大島 剛 編著
⑭ 心理的アセスメント 　　　　　　　　　　　　大島 剛・青柳寛之 編著
⑮ 心理学的支援法 　　　　　　　　　　　　　川畑直人・馬場天信 編著
⑯ 健康・医療心理学 　　　　　　　　　　　古賀恵里子・今井たよか 編著
⑰ 福祉心理学 　　　　　　　　　　川畑 隆・笹川宏樹・宮井研治 編著
⑱ 教育・学校心理学 　　　　　　　　　　　　水野治久・串崎真志 編著
⑲ 司法・犯罪心理学 　　　　　　　　　　　　　　　　　門本 泉 編著
⑳ 産業・組織心理学 　　　　　　　　　　　　加藤容子・三宅美樹 編著
㉑ 人体の構造と機能及び疾病 　　　　　　　　　　　　　岸 信之 編著
㉒ 精神疾患とその治療 　　　　　　　　　　　　横井公一・岸 信之 編著
㉓ 関係行政論 　　　　　　　　　　　　　　　　　　　　大島 剛 編著

―― ミネルヴァ書房 ――
https://www.minervashobo.co.jp/